伝え方を変えれば9割伝わる！

知財 伝え方改革の教科書

知財コミュニケーション講師
新井信昭

発明推進協会

推薦のことば

　著者は高校卒業後、タクシー運転手でためた資金をもとに世界放浪の旅に出ます。その体験から生き方を変え、学び直しをして弁理士資格を取得。さらに大学・大学院へ進んで博士学位まで取得しました。

　そのような魅力あふれる生き方とジャーナリストでもある著者の書きぶりは、この本の全体を平易で分かりやすくしかも刺激的にしています。未来に挑戦する若者の生き方に影響を与える実用書であり、3000件を超す知財コンサル経験に基づく実践的ノウハウの集積書です。

　本書は、知的財産部などに所属する企業人、弁理士、弁護士、知的財産管理技能士、中小企業診断士、知財コンサルタントなどに向けて書かれています。タイトル『伝え方を変えれば9割伝わる！』が示すように、これまでコンテンツの発掘とインプットが中心だった知財人財に対し、アウトプット視点の追加を提案するものです。

　たとえば第5章『法的に正確なら伝わるはマチガイ』は、法的に正確でないと一般人が理解したことにならないと考えがちな知財人財に、専門用語の羅列と過剰情報の提供はかえって一般人の理解を妨げることを気づかせてくれます。もちろん不正確でよいということではなく、聞き手である一般人に必要な情報に絞ってかみ砕いて伝えたほうが理解されやすい、という意味です。

　すでに知財人財として活躍している人だけでなく、これから知財人財になる人、さらにアウトプットが本業のマスコミ関係者にもぜひ読んでいただきたい一冊です。

元特許庁長官、知財評論家　荒井寿光

はじめに

　松岡修造、増田明美、織田信成、高橋尚子、荒川静香、平野早矢香、古田敦也、中嶋常幸、舞の海秀平・・・この人たちはどんな人ですか？最近は村上佳菜子もそのうちの一人に入り、福原愛もしかり。どなたも元アスリート。よくテレビで見かけます。

　これらの人たちは、どうしてテレビ局に呼ばれるのでしょうか？　ここに挙げた元アスリートたちは、スポーツ中継をするアナウンサーのように機関銃トークができるかというと、そうではありません。熱く叫ぶ人もいれば、涙もろい人もいます。どなたの話し方も個性的で特徴があります。

　私が思うに、どなたも現役時代は輝かしいアスリートとして活躍し、引退後はその経験をネタに「お話しで稼いでいる人たち」です。

　今の私は、大学の授業、社内セミナー、公開セミナーなどで講師として話すことが多いのですが、講師を始めた頃はどのようにして人前で話したらよいのか、まったく手探りの状態でした。

　そこで、まず東京の渋谷駅近くにあった話し方教室に行きました。教室では、たまたま隣に座った初対面の人と強制的に話す訓練や、1分間の自己紹介、3分間の出来事紹介、結婚式のスピーチなどを練習しました。これはこれでとても役立ったのですが、教室を終了したら、もっと勉強したくなりました。

　思い立ったのが、アナウンススクールです。私が選んだのは、当時、東京青山にあったテレビ朝日系のテレビ朝日アスクです。そこでは、現役のアナウンサーが入れ代わり立ち代わりに講師となって教えてくれることが売りでした。

　詳しくは第2章でふれますが、この経験から私は、私たち社会人はアナ

ウンサーのように完璧に話す必要はなく、経験や知識に支えられた個性をそのまま活かせばいいのだ、と思うようになりました。言い方を変えると、これまでの経験を活かして、これにちょっとしたプラスアルファの工夫をすれば絶対に自分の強みになる、ということです。先に紹介した元アスリートたちは、まさにこれを実践している人たちなのだと思います。

　さて、本書の主題である「知的財産」の話をしましょう。

　本書を手にしてくださったあなたは、きっと何らかの形で特許・知財に関係している人だと思います。あなたは、知的財産部などに所属する企業人でしょうか？それとも、弁理士・弁護士、知的財産管理技能士、中小企業診断士、コンサルタントなどの専門職として企業を支援している人でしょうか？何れにしろ、あなたは、経営者層や開発者、特許・知財とは無関係の企業人らに、「特許・知財は経営に密着するとても重要なものなのだ。だからその本質を大まかにつかんだ上で正しく扱ってもらえば企業の業績向上に大きく貢献するはずだ。」と思っていることでしょう。

　しかし、一生懸命に説明してもなかなか分かってもらえない。これが実情ではないでしょうか？セミナーで話した後の私に言っていただく感想の中に、『先生、本日はためになるお話をありがとうございました。うちの上司や役員にも聞かせたいと思いました』というのが少なくありません。これは、私のセミナーに対する賞賛ともとれますが、違う見方をすると、せっかくセミナーを受けたのに、その成果が上司や役員に思うように伝わらない、というようにも聞こえます。

　この事態を改善するため私たち知財関係者は何をすべきなのでしょうか？

　書店に行くと「特許入門」、「知財をやさしく・・・」という本が並んでいます。これらを読んでさえいれば、特許・知財の基礎知識を身に着けることができそうです。しかし、実際はそうでもないようです。

　なぜでしょうか？

　それは、入門書を書いた本人はかみ砕いて書いたつもりでも、読者にとっ

てはそうではない場合がほとんどだからだと思います。いきなり創作物とか産業の発達とか言われてすぐにピンと来る読者は少ないでしょう。
　実は、近年、私は3冊の本を出版しました。「レシピ公開『伊右衛門』と絶対秘密『コカ・コーラ』どっちが賢い？」（新潮社）、「パクリ商標」（日本経済新聞出版社）及び「iPod特許侵害訴訟－アップルから３．３億円をかちとった個人発明家」（日本経済新聞出版社）がそれです。いずれも「分かりやすい」、「固い内容をかみ砕いて説明している」という好評をいただいていますが、書いた私自身、かみ砕く余地がまだまだあると思います。
　「知的財産」、「知財」の世界は、「知財ムラ」と皮肉の意味を込めて呼ばれます。ガラパゴス諸島のように、外界との交流が閉ざされ独自進化している世界という意味です。完全に「特殊な世界」扱いです。
　その一因は、この世界は書類を作ることが主業務であると思いこんでいるせいか、話すことに対しあまり気遣ってこなかったことだと思います。
　これを改善しなければ、知財関係者の活躍により企業の業績が向上し、その結果として知財関係者の仕事が真に評価される日は、永遠に来ないかもしれません。
　この事態をどうしたらよくできるのか？私は、次のように考えています。
　一つは、先の入門書をもっとかみ砕いた書き方のものにする。これについては、今、一生懸命努力しています。
　もう一つは、知財担当者による説明・解説をもっとかみ砕いた内容のものにして、聞き手の頭の中に残りやすいものにする。そのために私は、分かりやすくかみ砕く方法の研究を続けてきました。
　研究のスタートは、先に述べたアナウンススクールで学ぶことでした。さらに、多くの話し方セミナーや関連学会の学術発表会などに出かけて話を聞き、『わかりやすく説明する‥』、『説明上手になる‥』、『話し方の・・・』といったタイトルの本を積み上げると腰の高さに届くほど読み込みました。その中には、心理学や教育学などの専門書も多く含まれ、こういった関係書を読むことでアナウンススクールなどで習った手法を理論面から理

解しました。ただ、どのようなセミナーも発表会も書籍も、知的財産を題材にしたものは一つもありません。一般論としては納得できても、知的財産の解説・説明を含むコミュニケーション（このことを私は、『知財コミュニケーション』と呼んでいます）として使うには余りにもかけ離れたものでした。そこで私は、まずこのような経緯を経て身に着けた知財コミュニケーションの手法を自分が登壇するセミナーなどで繰り返し使ってみました。そして通用した部分にはさらに磨きをかけ、うまくいかなかった部分は反省と修正を重ねた結果、知的財産の世界に適した実践理論に落とし込むことに成功しました。本書は、この実践理論の一部を紹介することを目的としています。

本書の内容の概略

　読みやすさを最優先にするため、会話形式で書いています。理論で書くだけではいざというときに使いづらいので、実際に使える会話表現をできるだけたくさん入れました。図も入れてありますので、そのままでもよいし、修正して使ってくれてもよいです。暗記するのではなく、書いてあることをヒントに自分なりの表現を考え、何度も口に出して練習してください。

　本編は、13章から構成されています。第１章「オトナの学びを支援」では、子供の学習はオトナの学習とは違うことを解説します。第２章「アナウンススクールで習ったこと」では、アナウンススクールで私が実際に習ったことを紹介します。第３章「伝え方改革が必要だ」では、相手のレベルを見極めた上で説明することがとても大事であることを説明します。第４章「テストでやる気をそそる」では、一つ一つの言葉を定義していくかわりに、『新規性テスト』のようなものを通してゲーム感覚で理解してもらう方法を紹介します。第５章「法的に正確なら伝わるはマチガイ」では、漏れなく伝えるのではなく実務に必要な範囲で伝えることが大切であ

ることを説明します。第６章『視覚（ビジュアル）に訴える』では、受講者の頭の中での再現を手伝ってあげることで理解しやすくなることを説明します。第７章「比喩を使って説明する」は、比喩が説明には有効であることと、比喩の作り方を解説します。第８章『誰もがわかる日付を使おう』では、手続きの流れなどを説明するときの日付の使い方を紹介します。第９章『ストーリーを通して学んでもらう』では、恋愛関係にある男女間の会話（寸劇）を通して『守秘義務』契約というものを説明する手法を解説します。第10章『リスクはこうやって伝えよう』では、『リスク≠危険』ということを解説したうえで、データを使った知財リスクの伝え方について説明しています。第11章『基礎を教える』では、知識レベルがバラバラな受講者に対し１時間で基礎を話す場合の手法を解説します。第12章『「間」がすべてを制す』では、『間』の重要性と『間』をとるためのノウハウについて説明します。第13章『さらに一歩上に行くために』では、知的財産担当者が企業内で活躍するための筆者からのメッセージを紹介します。

知的財産担当者の未来のために

　本書で紹介する伝え方を使って説明すれば、今まで思うように理解してもらえなかった非知財関係者に知的財産というものを理解してもらえるようになるでしょう。１回だけの説明では無理かもしれませんが、レベルを変えながら段階的に説明していけば、少なくとも９割は理解してもらえることでしょう。理解されれば、知的財産に関する業務が内容的にあるべき姿にまた一歩近づき、知財活用による企業の業績向上が実現されるはずです。

　本書が知的財産担当者の未来のためにお役に立つことを願っています。それが巡り巡って日本の産業の復活につながります。

　ただ、本書を読むだけで伝えられるようになるのではありません。練習・

演習が必要であることを付け加えておきます。
　さあ、あなたの未来のために、最初の一歩を踏み出してください。

新井信昭

登場人物

小石原さとみ（こいしばら　さとみ）
東京都港区に本社を置く大手メーカーＴ社の知的財産部主任。
入社４年目。知的財産部に配属されたことから猛勉強して二級知的財産管理技能士の資格を持っている。
社内で知財セミナーの講師を担当することになった。
試行錯誤しながら、社内講師としてのスキルを高めていく。

財知一郎（ざいち　いちろう）
小石原の上司、Ｔ社知的財産部部長。
知財活用を通じＴ社に貢献するために努力している。

小野瀬遙（おのせ　はるか）
小石原と同期入社でＴ社開発部主任。
なんでもハッキリと発言する聡明快活な女性。

阿井田隆（あいだ　たかし）
知財コミュニケーション研究所代表。
「伝え方改革で知財活用を現実にする」をモットーとする知財コンサルタント。数多くの公開・企業内セミナーの講師を務めた経験とアナウンススクールで学んだ知識を土台にした研究から得た知見を普及するため精力的に活動している。
弁理士の資格をもっている。

目　次

第1章　オトナの学びを支援
　ある日のセミナー後 …………………………………………………… 1
　伝え方改革から始める ………………………………………………… 3
　オトナ相手の伝え方 …………………………………………………… 4

第2章　アナウンススクールで習ったこと
　アナウンススクール入学のきっかけ ……………………………… 15
　アナウンススクールで教わったこと ……………………………… 18
　アナウンススクールから学びとったこと ………………………… 19

第3章　伝え方改革が必要だ
　必要なのは知識？ …………………………………………………… 23
　難しさレベルは人によって違う …………………………………… 27
　相手にとっての「難しさ」を知る方法 …………………………… 29

第4章　テストでやる気をそそる
　セミナーが始まった ………………………………………………… 37
　講師は単なる知識提供者ではない ………………………………… 41

第5章　法的に正確なら伝わるはマチガイ
　モレのない説明なら伝わる？ ……………………………………… 50
　法的に正確なら伝わる？ …………………………………………… 52
　理解しやすい言葉に翻訳 …………………………………………… 57

サトウの切り餅事件……………………………………………… 59
　　iPod 特許侵害訴訟 ……………………………………………… 62
　　知財の食わず嫌いをなくせ！…………………………………… 66

第6章　視覚（ビジュアル）に訴える
　　ビジュアルを有効に使おう……………………………………… 68
　　出題手続きの流れ………………………………………………… 72
　　最初の開示範囲と補正…………………………………………… 75
　　分割出願の流れ…………………………………………………… 77
　　出願公開制度……………………………………………………… 80
　　特許法29条の2 …………………………………………………… 81
　　特許法39条………………………………………………………… 84
　　国内優先権………………………………………………………… 86
　　拒絶理由と補正…………………………………………………… 88
　　特許権侵害………………………………………………………… 90
　　発明の実施………………………………………………………… 93
　　契約………………………………………………………………… 95
　　特許権の共有……………………………………………………… 99
　　職務発明…………………………………………………………101
　　まとめ……………………………………………………………103

第7章　比喩を使って説明する
　　－特許編－………………………………………………………104
　　知財担当者の日常業務…………………………………………106
　　比喩表現のつくり方……………………………………………109
　　－商標編－………………………………………………………112
　　知財村住人の返上………………………………………………117

第8章　誰もがわかる日付を使おう
　　その日、覚えてる？ ……………………………………………119

第9章　ストーリーを通して学んでもらう
　　守秘義務を説明せよ！ …………………………………………129
　　ストーリーを通して学んでもらう………………………………130
　　守秘義務契約のストーリー………………………………………131

第10章　リスクはこうやって伝えよう
　　「やってみなはれ」と言わせるプレゼン ………………………138
　　知財リスクの見える化……………………………………………144
　　一般的リスク論……………………………………………………145

第11章　基礎を教える
　　1時間で教えてくれって？………………………………………154

第12章　『間』がすべてを制す
　　『間』があれば理解できる ………………………………………163
　　『間』を入れる訓練・演習 ………………………………………166
　　文と文の間に『ね』を入れる……………………………………172

第13章　さらに一歩上に行くために
　　分かりやすい順番…………………………………………………174

■コラム

プレゼンの出来が商品シェアを決める？……………………… 67
「安全安心」とは何か ……………………………………………… 79
AIを使いこなす人間技 …………………………………………… 83
サックスを始めるべきサイン……………………………………… 85
アボカドは青春の味………………………………………………… 92
ときには非合理的でもいい………………………………………… 98
メラビアンの法則の誤解……………………………………………118
知財経営とは実行すること…………………………………………137
運転手さんをハッピーにする魔法の言葉…………………………162
知財の知識だけでは戦えない………………………………………173
日本人は「創造的であると思っていない」だけ…………………181

第1章 オトナの学びを支援

ある日のセミナー後

🧑‍💼「小石原君。昨日の知財セミナーは、うまくいったかな？」

にこやかに話しかけてきたのは、大手メーカーＴ社の知的財産部部長の財知一郎。黒縁の眼鏡をかけ、白いワイシャツの袖をまくり上げている。ここは、東京都港区にあるＴ本社内の知的財産部会議室。目の前には、知的財産部主任の小石原さとみが立っている。

👩「財知部長、正直言うと反応はイマイチで、知財が重要だということを分かってもらえたか自信がありません。後ろのほうで居眠りされちゃいました」

小石原は頬に右手を当てながら、少しくもり顔。「知財を最大の経営資源にする」というＴ社の方針に従った財知部長の指示で知財の社内セミナーを担当した翌日のこと。受講者は開発部門の技術者50人ほど。小石原にとって講師は初めての経験だった。

🧑‍💼「そうだったか。ちょっと詳しく聞かせてごらん」
👩「企業の成長のために特許や意匠のような知的財産権を取得、活用していくことが大事だということを話したあとに、特許制度の概略を説明しました」

― 1 ―

小石原は知財部に配属されて４年。一通りの実務を経験し、昨年春の試験で合格した２級知的財産管理技能士でもある。初級コースの講師となるための知財知識は十分にもっている。

🧑‍💼「なるほど、それから」
🧑「他社の権利情報を把握して権利侵害をしないように気を付けながら、他社の発明を超える新たな発明を生み出す意識が大切だということを話しました」
🧑‍💼「うん。確かに大切だね。ほかには」
🧑「自分の発明と先行技術との間の構成要件や作用効果の違いを抽出して特許担当者に説明できるようになってほしいとお願いしました」
🧑‍💼「全部で何時間のセミナーだったっけ？」
🧑「午前が２時間で、昼食を挟んだ午後が３時間の合計５時間です」
🧑‍💼「どうして居眠りされちゃったのかな」
🧑「お昼休憩の後ということもあると思いますが、私にもわかりません。今まで勉強してきた特許制度のことを、例外も含めて正確に伝えたつもりですが、伝わっていないようです・・・・・。もー、私、自信喪失です」
🧑‍💼「それはたいへんだったな。ところでアンケートの結果はどうなんだ？」
🧑「『とても参考になる内容でした。特許が大事なことがわかりました』というのもありましたが、『専門用語

ばかり並べられても理解できない』『自分との関係がイメージしにくかった』などと耳が痛いものも結構ありました」

　T社では、社内セミナーを行ったときは必ず受講者からアンケートをとっている。いくつかの評価項目それぞれを４段階の理解度に分けてあって、受講者は該当番号を丸「〇」で囲んで選択する。そのうえで受講者が抱えている課題・問題、活かせそうなポイント、感想や要望などを記入する自由記入欄が用意してある。上記のコメントは、この自由記入欄に記入されたコメントである。

- 「『理解できない』とは手厳しいね。どうやったら、理解されるようになるのかなあ？」
- 「私の感触ですが、『知財って難しいし、そもそもあなた達の仕事でしょ』という意識があるようです」
- 「そうだな。私にも経験がある。『だから知財部があるんだろ』というわけだ。とはいっても、このままにしておくわけにはいかないねぇ・・・小石原くん、一度、専門家に相談してみてはどうだろう・・・」
- 「はい、そうします」

　５日後、小石原は、知財の伝え方を専門とする知財コミュニケーション研究所の阿井田隆の事務所を訪問した。

伝え方改革から始める

- 「まず、伝え方を改革することから始めましょう」
- 「伝え方改革ですか？」
- 「そうです。小石原さんの知財知識は十分なのだけれど伝わらなかったのだから、伝え方を変える必要があります」

「どういうことですか？」

「小石原さんは、どういう伝え方をしていますか？ちょっとやってみてください」

「伝え方といっても、フツーだと思います。えーと、まず、特許法の目的から説明して、特許法は産業の発達に寄与するための法律だから・・・大切です。という具合でした」

「わかりました。ところで、小石原さんが教える相手はどんな人ですか？」

「教える相手ですか？ 勤務する会社の開発部の人ですが・・・・・それが何か？」

「子どもではなく、オ̇ト̇ナ̇ですよね」

「(そりゃ、オトナよねぇ・・・) どういう意味ですか？？？？？」

オトナ相手の伝え方

「子どものころは、学校の先生に教えてもらったことを素直に覚えようとしましたよね。だけどオトナになると、『そんなこと今さら聞きたくない』となりがちですよね。どうしてだと思いますか？」

「上司に行ってこいと言われたから来た、というようなセミナーだったら、確かに『今さら』って思うでしょうね」

「世の中には色々な研究者がいますが、その中に『どうしてオトナは子どものように学習できないのか』について研究している人達がいます。このような研究領域のことを『成人教育論』などといいます」

「難しそうですね」

「成人教育論の研究者たちは様々な実験や議論をしながら『こうやったらうまくいきますよ』という秘訣集のようなものを残しています」

「その秘訣、教えてください。上手にできそうな気がしてきました」

「コンサルや研修で私が意識して使っているのは、米国の教育学者マ

ルカム・ノールズ（Malcolm S. Knowles）が提案した方法です。ノールズは、『子どもの学習はオトナの学習とは違う』ということからスタートしています」

👦「なんだか、わかるようで分かりません・・・・・」

👨「子どもの場合、教科や教材などをきまった範囲と順序で編成してあって、それに沿って進めていくことが多いですよね。学校だけが教育ではありませんが、小中学校だけでも9年間、毎日何時間もかけて「長い人生の中でいつか役に立つかもしれない知識」を学ばせるようになっています。だけどオトナの場合は、すぐに役に立つことが求められがちです。このように子どもの学習と大人の学習は違うのです」

👦「『違う』にナットクです」

👨「ノールズは、その上で、『子どもを教えるための科学と技術』をペダゴジー（Pedagogy）、『オトナの学習を援助する技術と科学』をアンドラゴジー（Andragogy）と名付けました。あっ、聞きなれないカタカナ言葉は覚えなくてもいいですよ。大事なのは『教える』と『学習の援助』に違いがあることです」

👦「『教える』だと上から目線ですね。私は、上から目線で知財を教えてきたのかなぁ・・・」

👨「そういう点もあったのかもしれませんね。『教える』ではないということが分かったところで、では、オトナの学習とはなんでしょうね」

👦「・・・・・」

👨「オトナの学習のことをノールズは、『P-MARGE』（ピーマージ）がポイントだといっています」

👦「それって企業のM&Aかなにかと

関係ありますか？」
「それは企業合併の『MERGE』ですよ。スペルが似ていますがまったく関係ありません。これをご覧ください」

阿井田はタブレットの画面を小石原に見せた。

```
P （Practical）      ＝ オトナは実利的である
M （Motivation）     ＝ オトナには動機が必要である
A （Autonomous）     ＝ オトナは自律的である
R （Relevancy）      ＝ オトナには関連性が必要である
G （Goal-oriented）  ＝ オトナは目的指向性が高い
E （Experience）     ＝ オトナには豊富な経験がある
```

「P-MARGE とは、ここにあるようにオトナの学習の特徴の頭文字をとったものです。これが全部揃うと、オトナは聞く耳をもってくれるし重い腰を上げてくれる、というわけです」
「はい」
「オトナは実利的で、動機が必要で、自律的で、関連性が必要で、目的指向性が高くて、経験が豊富です。どうです、思い当たるでしょう？」
「わかりますが、P-MARGE は、ちょっと覚えにくいですね」
「そうですね。√3を『ひとなみにおごれや』なんて語呂合わせして覚えましたよね。そんなのがあるといいと思いませんか？」

「すっごく思います。あるのですか？」

阿井田は、タブレットの画面を変えた。

ヤ	……	**役に立つ** 仕事に役に立つ内容だと、
ド	……	**動機** 教育を受ける動機をしっかり持てる
カ	……	**解決策** しかも問題を解決する内容であれば
リ	……	**理由** 教育を受ける理由がはっきりする
ケイ	……	**経験** 人生経験豊富で
ジ	……	**自律** しかも自律した大人に、教育後の成果など
ノ		
モクヒョウ	‥	**目標** 具体的な目標を提示すると学習効果が上がる

「世の中には、センスのよい人がいるものです。東京都町田市の株式会社町田予防衛生研究所は、P-MARGE のことを『ヤドカリ刑事の目標』と上手に語呂合わせしました。これなら、なんだっけ、というときに思い出せるでしょう」

「犯人をつかまえるのが刑事の目標でしょう。他にあるのかしら？」

「ハッハッハ、小石原さんはサスペンスドラマの見過ぎですよ（笑）。中を見てみましょう」

「は〜い」

「ヤドカリの『ヤ』は、仕事に役に立つ内容であることが大事だとい

うことです。同じように『ド』は、教育を受ける動機をしっかり持てる内容であることをいっています。『カ』は、問題を解決する内容であれば、その気になってもらえること。『リ』は、教育を受ける理由がはっきりしていると納得してもらえる。『ケイ』は、オトナは人生経験豊富であることを頭においておきましょう。『ジ』は、オトナは自律しています。『ノ』でつないで、オトナには教育後の成果という具体的な目標を提示すると学習効果が上がる、と言っています」

ヤドカリ刑事

- 「私もひとりのオトナとしてナットクしました」
- 「それは、よかった。では、次に行きましょう。P-MARGEのなかでも、とくに『Practicalの実利的』、『Relevancyの関連性』、『Goal-

orientedの目的指向性』の三つが特に大事です」

　本書の読者の多くは、学校や職場などにおいて、なんらかの形で知財に関係する人であろう。そこで今までの体験を振り返りながら、次を読み進めてほしい。
　先の事例に出てきた小石原は、開発部門のオトナ50人ほどに知的財産権取得の重要性などを説明した。このときの情景を前提にする。

👨「小石原さん。技術者の立場に立ってみてください。技術者の本業は、文字通り開発することですよね。開発成果を真似されたくないと思えば間接的に知財と関係することになりますが、直接の関係はありませんよね」
👩「はい」
👨「知財が大切なことは何となく分かるけれど、だからといって、いきなり特許法の話をされても、それを自分事として聞く気になるでしょうか？」
👩「えっ、どういうことですか？」
👨「別の言い方にしましょう。小石原さんは知財部員ですから、世の中で起きた知財に関連するトラブルに目が向くでしょうし、特許法その他の法律や知財訴訟の裁判例などを勉強する機会もあります。自分の実務に直結の情報ですので、非常に実利的です」
👩「そのとおりです」
👨「ですが、『知財を実用化するためにはマーケティングの知識が重要だから、知財部員はマーケティング理論を勉強するように』と言われたとして、『はい、そうですか。では、さっそく』という気になれますか？」
👩「ムー、重要なのは分かりますが正直今勉強しろと言われても、すぐにその気にはなれません。知財の勉強と毎日の業務のことだけで忙しくなっているからです。マーケティングは企画部や営業部の仕事で

- 「しょ、という気さえします」
- 「そうですよね。本当は実利的で絶対に必要だと私は思いますが、だからといって知財部員にとって簡単に手のつけられる内容ではありませんね」
- 「はい。そー思います」
- 「大事なことは、これからです。知財を理解しろと言われている開発者の心理は、今の小石原さんの心理と同じです。この点をあらためて理解しておく必要があります」
- 「そりゃぁ、そーですよね」
- 「知財を勉強したからといって開発者が目の前にある問題的状況を直接解決できるものではありません。知財の処理は知財部の仕事だろうという他人事として捉えている、上司に言われたから来ただけで格別な目的をもっていない、というのがセミナーに出席した大半の開発者の心理なのです」
- 「よくわかりました。今後、どのようにしたらよいでしょうか？」
- 「やるべきことは色々ありますが、まずは今覚えたヤドカリ刑事の目標を提示することから始めましょう」
- 「はい、そうします。目標の見せ方を詳しく教えてください」
- 「自分でゼロから考えようとすると気が遠くなってしまいます。ここでも、先人の知恵を使いましょう。たとえば、・・・『マーケティングの４Ｐ』を聞いたことはありますか？」
- 「それも何かの頭文字か語呂合わせですか？今日は、頭文字と語呂合わせがいっぱいですね」
- 「当たりです！」

　阿井田はタブレットのページをめくった。

製品 product	価格 Price
何を売るか？	いくらで売るか？
流通 Place	販売促進 Promotion
どうやって届けるか？	どうやって知らせるか？

- 「『4P』は、商品・Product、価格・Price、流通チャンネル・Place、それと販売促進・Promotion の頭文字がどれも『P』で、四つあるから『4P』と呼ばれます。この四つの活動を通じてお客さまに価値を提供する。言い換えると、企業はこの四つの領域に関して意思決定するわけです」
- 「なるほど」
- 「技術者は自分が開発した技術を世の中の役に立てたいが、そのためにどういう開発をしたらよいかいつも悩んでいます」
- 「はい。そーだと思います」
- 「その技術を使った製品やサービスを販売しやすくするためにはどうしたらよいか、その答えを見つけるための一つの考え方として『4P』があるのです」
- 「もっと詳しくお願いします」
- 「続けましょう。小石原さんが『知財は大切だ』と声高に言っても、技術者は『そうは言っても、自分たちにとっては技術開発するほうが

もっと大切だ』と反感をもたれて終わりです」
🙂「そうですね」
🙂「そうされないためには、『開発部の皆さんが抱えている悩みを解決するために知財の知識が役に立ちますよ』『知財の知識を持っておくと、皆さんの開発成果を世の中に送り出す可能性が高くなります』と伝えるのです」
🙂「なるほど。そう伝えれば技術者も受け止めやすいですね」
🙂「そう思います。だから、小石原さんも『4P』を頭に入れておくとよいですよ」
🙂「そうします」
🙂「そのうえで、技術者に説明をするときや、技術者から発明の相談を受けたときなどに、『4P』のうちの少なくとも『製品』と『価格』について意識してみてください」
🙂「どうやってですか？」
🙂「まず『何を売るか』についてですが、技術者にとっては、まさに『何を作るか』『何を開発するか』ということですよね。だから、その技術によって製品やサービスの機能や品質などがどのようになるのか、ということを協力しあって見つけ出していくのです。ここまでは、小石原さんら知財部員がいつもやっていることかもしれませんが、ここに『4P』的な視点を加えます」
🙂「4P的な視点ですか？」
🙂「そうです。製品やサービスの『デザイン』『ラインアップ』『ブランド名』『パッケージング』『モデルチェンジ』など、売るために必要と思われる事柄について、技術者に聞いてみたり、一緒に考えたりしましょう。これらの項目は、特許出願の提案書や明細書に書く必要はありませんが、社内会議などのときに技術内容と併せて報告することで製品化決定の可能性が高まるはずです」
🙂「納得です」

- 「もう一つ。４Ｐのうちの『いくらで売るか』は、技術者にとって『いくらで作るか』のことです。特許明細書を書くときの発明の効果として捉えるだけなら『コスト削減』とか『安価で』で足りるのかもしれませんが、４Ｐ的に見るなら『〇〇円安くなる』とか『同じ部品でも製造原価が〇〇％ダウンできる』という具体的数字などを一緒に報告できるようにしておくと、これも製品化への近道になるはずです」
- 「流通や販売促進についても議論できるとさらによいですね」
- 「そうですね。いっぺんには無理かもしれませんが、小石原さん自身もマーケティングなどを少しずつ勉強しながら、技術者と二人三脚で走れるようになるとよいですね。そうすれば、もっと製品が売れるようになるし、売れれば嬉しい。自分たちのお給料も上がりますよね」
- 「そうですね。ボーナスも上がるかな？欲しかったブランドバッグが買えちゃったりして・・・」
- 「きっと買えますよ。技術者との間の信頼関係も深まって、どんどん仕事がやりやすくなるでしょう」
- 「マーケティングの勉強をしたくなってきました」
- 「話を元に戻しますね。このようにして自分たちに関係があるし、実利的だということがわかれば、オトナたちは自発的に知財について学習を始めるはずです。あとは小石原さんたち知財部員がその学習の支援をしてあげればよいのです」
- 「分かってきました」
- 「そのためには、知財の知識を伝えるセミナーであっても、最初の段階で『知識応用』までの学習の流れの全体像をしっかりと説明することが大事なのです」
- 「阿井田先生、よく分かりました。さっそくやってみます。本日はありがとうございました」
- 「いえいえ、小石原さん、またおいでください」

「ヤドカリ刑事の目標を提示すればいいんだ」

第1章参考文献

1. 中原淳著（2014）「研修開発入門　会社で『教える』、競争優位を『つくる』」（ダイヤモンド社）
2. 中原淳編著、荒木淳子・北村士郎・長岡健・橋本諭著（2006）「企業内人材育成入門　人を育てる心理・教育学の基本理論を学ぶ」（ダイヤモンド社）
3. 株式会社町田予防衛生研究所「衛生通信」2008年2月号 No.115

第2章 アナウンススクールで習ったこと

アナウンススクール入学のきっかけ

🙂「阿井田先生、お世話になります。今日は、阿井田先生が通われたアナウンススクールのお話を聞きにきました」

　小石原は、阿井田からアナウンススクールのことを聞き、たいへん興味を持っていた。社内セミナーの講師を務めるようになってその面白さとやりがいに気づいた。もっとよいセミナーの実現のため、自分の説明能力をアップさせる方法を探している。

🙂「小石原さん、こちらこそお世話になります。私の体験談でよかったら、喜んで披露させてもらいます。ところで、小石原さんはどうしてアナウンススクールに興味を持ったのですか？」

🙂「アナウンススクールで勉強すれば、発明者らに対して行うヒアリングや社内セミナーで、阿井田先生のようにスラスラ話せるようになれるのではないか、と思ったからです」

🙂「スラスラかどうかはともかく、理由は分かりました。実は、私がアナウンススクールへ行こうと思ったきっかけは、今の小石原さんと全く同じことを考えたからです」

🙂「同じ理由ですか？」

🙂「そうです。一番は毎日の知財実務の中で専門家ではない個人にもっとかみ砕いて説明できるようになりたい、ということでした。それと、大学で教壇に立ったり、公開セミナーや企業セミナーなどに呼ばれた

りしたからです。個人や大勢の人に説明した後、すごくうまくいって充実感を味わうことが多かったのですが、空振りして言いようのない残念な気持ちになることもありました」

- 「そういう時もあったのですか」
- 「はい、ありました」
- 「そういう時はどうしましたか？」
- 「分かりづらかったところはどこなのかを本人や受講者に直接聞いたり、それができないときは思い出しながら自問自答したりして経験を積み重ねていきました。そうしているうちに、アナウンススクールに行くことを思い立ちました」
- 「どうしてアナウンススクールへ行こうと思ったのですか？知財の教え方を勉強するところではないですよね」
- 「説明の仕方の『型』を身に着ければ、知財をもっとかみ砕いて分かりやすく説明できるようになるだろう、そのためには、独学では無理だろうから、いっそプロから学ぼう、と思ったからです」
- 「アナウンススクールのことを詳しく教えてください」
- 「アナウンススクールを一言でいうと、アナウンサーを目指す人のための養成学校です。私の同級生は、30人以上いました。私以外の全員が20歳前後の大学生で、みなさんアナウンサーになりたいと言っていました」
- 「その中にまざって阿井田先生も勉強したのですか？」
- 「そうです。私が通ったアナウンススクールは、現役アナウンサーが教えるということを売りにしている民間放送会社系のスクールです」
- 「えっ、ということは、テレビに出て来るアナウンサーが直接教えてくれるのですか？」
- 「はい、教えてくれました。同級生らはあこがれの現役アナウンサーから教わることを期待して入学してきます。スクールの入り口に駅のポスターと同じ大きさのポスターが貼ってあって、そこには、実際に

放送局で活躍している卒業生の華やかな笑顔が印刷されていました」
「へーっ、すごいですね。そこに私が行ったら、あの華やかな世界で働きたいと思うでしょうね。ステキな俳優さんにも会えるし・・・」
「そう、誰でも憧れますよね。そういったアナウンススクールですから、初日の授業のとき私が教室に入っていくと、みんなに『エッ』という顔をされました」
「えっ、どうしてですか？」
「だって、現役アナウンサーが登場するはずのスクールで、どう見ても先生には見えないオジサンが入ってきたわけですから。こんなアナウンサーは見たことがないな、という気持ちが顔にもろに出ていましたよ（笑）」
「それは面白い話ですね」
「ついでに、もう一つのエピソードを話しましょう」
「何があったのですか？」
「初日の授業が終ろうとするとき、校長先生がお見えになって、一人ずつに将来の夢を尋ね回りました」
「学校の授業でも、君は将来何になりたいのかね、なんて先生が聞いたりしますよね」
「そのときの様子を再現してみましょう」

「あなたの将来の夢は何ですか？」
「はい、校長先生。私はフジテレビのアナウンサーになりたいです」
「あなたは、どこの局のアナウンサーが希望ですか？」
「私はＮＨＫが希望です」
「あなたは？」
「僕は日本テレビでスポーツキャスターをやりたいです」
・
・

阿井田の番になった。

👨「お名前を教えてください」
😮「阿井田です」
👨「阿井田さん。・・・えー、あなたは？」

　どう見ても一回り以上は年上の阿井田に対し「将来の目標は〜」とは聞きづらかったらしく、校長先生は少し戸惑っている様子だった。

　阿井田は、このとき正直、早く生まれすぎたことが少し悔しかった。華やかな世界を夢見てそれに真正面から向かっている同級生の若さと可能性に嫉妬したのだ。自分も若かったら、きっとアナウンサーを目指しただろう、そう思った阿井田は、次のように答えた。

😮「校長先生！」
👨「はっはい、阿井田さん。何でしょう？」
😮「私、・・・生まれ変わったらアナウンサーになります！」

　教室内の全員が大爆笑した。

アナウンススクールで教わったこと

👩「『生まれ変わったら』は傑作ですね。今聞いても面白いです。それで、授業ではどのようなことを習ったのですか？」
😮「予想がつくでしょうが、まず発声です。『生産者の申請書を審査』や『旅客機離陸』のような言いにくい言葉を、聞き返されないようにクリアに発声する練習をしました。それから、知財関係者にお馴染みの『東京特許許可局の局員』をつかえないように読む訓練や、『端にある

箸を持って橋を渡る』のようなアクセントの練習をしました。これを『活舌練習』（かつぜつれんしゅう）といいます」
- 「どれも難しそうですね。これを使いこなすアナウンサーは、やっぱりプロですね」
- 「私もそう思います。練習のときは、それなりに出来ているとしても、プロではない私たちが日常の中でこれを使いこなすことは、なかなか難しいと思います」
- 「他には何を？」
- 「お腹を出したり引っ込めたりすることにより横隔膜を上下させる『複式呼吸』を練習しました。床の上に仰向けに寝て息をしたときにお腹だけを上下動させる練習です」

アナウンススクールから学びとったこと

- 「そうやって練習して、効果はありましたか？」
- 「間違いなくありました。しかし、その効果というものは、私なりに悟ったもので、言葉を明確に発音する口や舌の動きがプロ並みになったとか、スムーズに複式呼吸ができるようになったというものではありません」
- 「どういうことですか？」
- 「結論から言いますと、今の話し方を変えてまでアナウンサーのように話す必要はない、というか、やろうと思っても簡単にはできないということを確信しました。それとともに、知財をかみ砕いて説明することが目的なら、ちょっとした訓練をするだけで十分なスキルを誰でも得られるということを学びました」
- 「アナウンススクールに行ったのに、アナウンサーのように話さなくてもよい、とは少し意外な気がしますが」
- 「ごもっともです。出来るにこしたことはありませんがそもそもアナ

ウンサーというプロ級のスキルを身に着けようとしても、知財関係者が話し方の練習や訓練に当てられる時間には限りがあるので、それより他にもっとやるべきことがあると言いたいのです」

「私も時間的に無理だと思います」

「ですから私たち知財関係者は、アナウンサーに求められるスキルを身に着ける必要など全くない、とまでは言いませんが、そこまで到達しなくても必要十分なレベルを習得すれば足りる、と考えたのです。スクールで教わることとは別のことを学び取ったといっていいと思います」

「何がきっかけで、そのようにお考えになったのですか？」

「よい質問ですね。最後の授業がきっかけです」

「最後の授業・・・ですか？」

「はい。ビデオカメラの前でニュース原稿を2分ほどで読み上げ、続けて3分くらいフリートークして、その再生画像を見ながら先生や他の受講生が評価をする、という内容の授業でした」

「えっ、本物のカメラの前で読むのですか？」

「そうです。自分のテレビ映りはどうかとか、原稿読みの姿を視聴者の立場で見るためです」

「自分が出てくるのね。わーっ、恥ずかしい！」

「小石原さんが恥ずかしがる必要はありませんよ。恥ずかしいのは、この私です（笑）」

- 「先生や受講者の評価はどうでしたか？」
- 「お恥ずかしながら、原稿読みの評価はボロボロでした。原稿を読むときの私は、無意識なのですが、左右に首を揺らしたり、舌なめずりしたりしていました。『このような仕草はアナウンサーとして絶対にいけません』と先生に言われました。自分の子供より若い同級生の前で赤面ものですよ。それにしても、あの自分の姿は、なんというか、…もう見たくありませんね」
- 「他の受講生はどうでした？」
- 「他の受講生たちは、大学のサークルや、このアナウンススクールでしっかりと練習しているからか、原稿読みは非常に上手でした。私と違って若いから、肌つやもよくカメラ映りもとてもよかった（笑）」
- 「あれあれ、阿井田先生としては面目丸つぶれですね」
- 「確かにぺちゃんこにされました。しかし、肝心なのはこの後です」
- 「ほー」
- 「原稿読みでは撃沈でした。が、フリートークになった途端に形勢が逆転です。先生は、『あれほどのクセがフリートークになると気になりませんね、さすが社会人ですね』と評価してくださいました」

👧「その話は、私たち社会人に自信を与えますね」
👨「そうです。原稿読みではかなわなくても、社会経験から得た素晴らしい素養を社会人の誰もが備えているのです。私たちが知財を教えることは、原稿を読むことではありませんよね。だから、今の個性を生かしていけばよいのです。私たちはもっと自信を持つべきです」
👧「よいお話をありがとうございました。元気が出てきました」

「個性を活かして説明すればいいんだ」

第2章参考文献
テレビ朝日アナウンス部（2009）「アナウンス教則本」

第3章 伝え方改革が必要だ

必要なのは知識？

- 「阿井田先生。私は勉強不足でしょうか？」
- 「二級知的財産管理技能士の資格をもっている小石原さんが、どうしてそんなことをきくのですか？」
- 「発明者との個別の面談や社内セミナーなどで一生懸命に説明しているつもりですが、どうも伝わっているように思えないからです。だからもっと知識を増やす必要があるのでしょうか」
- 「小石原さんの知識量は、たとえば開発者のような知財の専門家ではない人に教えるには十分だと思います。ただ、気を付けなければいけないのは、知識を持っているからといって、それだけで相手にちゃんと伝わる説明ができるとは限らないということです」
- 「説明することは自分の知識量とは別次元だということを、講師になって実感しました」
- 「そうですね。本来、説明者は『1』を教えるためには『10』を知っておかなければダメなどと言われます。そうでないと、説明に奥行きが出ないし質問にも答えられない場面に出くわすかもしれないからです」
- 「やっぱり、もっと勉強しなければいけませんね」
- 「それはそれで大切だしぜひ実行してください。ただ、私が言いたいのは、自分自身の知財知識があるレベルに達しているからといって、それだけでは受講者にしっかりと伝わる説明ができるわけではないということです」

- 👦「どういうことですか？」
- 👨「知財セミナーには、公的なもののほか企業や特許事務所などが開催するものなど、ほんとうにたくさんの種類があります。その一方で最近は、『セミナー疲れ』という言葉がよく聞かれます」
- 👦「セミナー疲れですか？」
- 👨「そう。セミナー、セミナーと言われて出席しているうちに、ちょっとマンネリ化したり、チョッピリ嫌気がさしたりすることです」
- 👦「そういえば、新人時代の私にも、そんな経験があります。専門用語と情報がゲリラ豪雨みたいに降ってくるのですが完全に消化不良。排水しきれずにマンホールからあふれる水のようで、もうスルーするだけで精一杯でした。『もうセミナーはコリゴリ』だと思うようになったことさえありました」
- 👨「知財セミナーの講師が持っている知識量や経験量と受講者のもっているものとの間には大きなギャップがあるのに、一度にたくさん詰め込もうとするから受講者の許容量を超えてしまうのです」
- 👦「はい」
- 👨「知識を1や2しか持っていない人達に対して、一気に5や6、場合によっては7や8まで教えようとするからパンクしてしまうのです。そんなセミナーを受けているうちに、セミナーと聞いただけで疲労感を感じるようになっても不思議はありません」
- 👦「分かります。その通りだと思います」
- 👨「知財は難しいと言われますが、そうではないと私は思います」
- 👦「では、知財はやさしいのでしょうか？」
- 👨「難しいか易しいかは、相手の立場によって違ってきます。専門家になろうとするなら知らなければならない事は山ほどありますが、たとえば開発部門の人に実務の上で知っておいてほしい事はそれほど多くありません。細かい情報をだらだらと話すより必要性を見極めたポイントだけに絞っても差し支えない場合が少なくありません」

「なるほど。立場によって知識の必要量が違う、ということですね」

「そのとおりです。情報が整理され提供量も絞られれば、相手も余裕をもって聞くことができるはず。確実に理解してほしいから、基本的なことから丁寧に説明しようとすることは、一見親切に見えますが逆効果になることが多いのです。知財が難しいとされてしまう一番大きな原因は、専門家がこういった伝え方を勉強してこなかったことにあると思います」

「ということは、私のような伝える側が伝え方を勉強すれば、この状況を変えられるということですね」

「そうです。テレビで引っ張りだこの池上彰さんを見れば分かりますよね。あの感じです。私自身の経験からもそう思います」

「と、いいますと?」

「池上彰さんは、たとえば政治や経済について私たちが知らなかったことを分かりやすく解説してくれます。世界中で誰も知らなかった事を話しているのかというと、ほとんどの場合はそうではありません。誤解を恐れずにいいますと、専門家なら知っているはずの内容を、私たち一般人のためにかみ砕いて分かりやすい順番で話しているだけです。ここで私たちが気づかなくてはいけない大事なことは、分かりやすい説明が私たちの行動を変える力があることです」

「はい」

「今がそうではないとまでは言いませんが、今以上に知財を活用するためには、知財の専門家が知財の伝え方を改革するべきなのです。この点、私たちは、今まであまりにも無頓着すぎたと思います」

「はい」

「『知財教育』は『食育』によく似ています。食育は、食事や食物に関する知識と選択力を身につけ、健全な食生活が送れるようにするための教育です。『食育基本法』という法律も作られています」

「食育基本法という法律があるのですね。『知的財産基本法』とどこか

- 「似ていますね」
- 「そのとおりです。この食を知財に置き換えてみましょう。知財教育は、知財に関する知識を身に着け、これを適切に活用することで企業の健全な発展を維持するための教育といえるのです。よい食べ物を選んで食べることで人間が健康でいられるようにしましょう、というのが食育基本法で、よい知財をつくり活用することで企業が健康でいられるようにしましょう、が知的財産基本法です」
- 「はい。理解できました」
- 「とは言っても、法律の話をセミナーの受講者に押し付ける必要はありません。小石原さんたち教える側の人がこの点を頭に入れ熱意をもって接すれば、遠からず知財を食わず嫌いする『知財嫌い』が減り、その代わりに『知財協力者』が増えてくるはずです」
- 「はい」
- 「協力者が増えれば、知財業務がやり易くなって成果が出やすくなります。成果が出れば協力者がさらに増える。そういうプラスのスパイラルが生まれれば、知財の創出・保護とともに知財活用の現実化が実現するでしょう」
- 「伝え方を改革するには、何から始めたらいいでしょうか？阿井田先生のように、私もアナウンススクールへ勉強しに行った方がよいでしょうか？」
- 「アナウンススクールのことは、前にお話ししましたね[1]。色々学べますから行くメリットはあります。ですが、その前に知っておく必要のあることをお話ししましょう。まず、『難しさ』というものは、知財情報の送り手と受け手との間のレベル比較の上に成り立っていることを知ってください」
- 「詳しく説明してください」

---

1 第2章

難しさレベルは人によって違う

🧑 「この図を見てください」

阿井田は、タブレットの画面に次の図を映した。

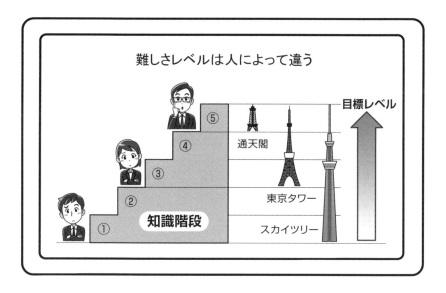

🧑 「拝見します」
🧑 「ご覧の縦軸が受講者の知識レベルです。私が『知識階段』とよぶ階段を上がるにしたがって知識が増えていきます」
🧑 「『目標レベル』をめざすわけですね」
🧑 「そうです。ここで説明者が説明しようとする相手は、一番上の10年近く開発業務を経験してきた先輩A、同じく4年目で真ん中の先輩B、そして一番下の入社して間もない新人Cの三人です」
🧑 「三人それぞれは階段の違う段の上にいますね」
🧑 「はい。高いところにいる人ほど、目標レベルとのギャップが小さい

ことを表しています」

🧑「一番下の新人Cにすると、目標レベルまでのギャップが一番大きいということですね」

👨「そう。新人Cにとっての目標レベルは、634メートルの東京スカイツリーのてっぺんぐらい高いです。入社してから一通りの業務を経験した先輩Bにすれば、スカイツリーほどではないにしても333メートルの東京タワーの頂上並み、難しさのレベルは半分くらいです」

🧑「なるほど」

👨「足し算と引き算しか知らない子供に分数を教えてもわかりません。掛け算と割り算を知っているから、分数や小数を理解できるのです」

🧑「はい」

👨「もう分かっていただけましたね。中堅社員になった先輩Aにとっての目標レベルは、108メートルある大阪の通天閣のトップかそれよりも近いところにあります。東京タワーの3分の1ほどの高さです」

🧑「図にしてもらったので、違いがイメージしやすいです」

👨「理解してもらうために図はとても役立ちます。このことは、別の機会にあらためてお話ししましょう[2]」

🧑「よろしくお願いします」

👨「ついでに言っておきますと、こういう図を使うなら誰もが知っている建造物を使うのがお薦めです。イメージしやすいし、ちょっとした遊び心をもってイメージできるからカチカチな雰囲気を柔らかくしてくれる効果があるからです」

🧑「参考にさせていただきます」

👨「図に戻って説明しましょう。このように『難しさ』というものは知財情報の送り手と受け手との間のレベル比較の上に成り立っているのです。セミナーでも一対一の説明でも同じです。相手のレベルを見極

めた上で説明することがとても大事です」
- 「よく、わかりました。でも相手にとっての『難しさ』を知るにはどうやったらいいのでしょうか？」

相手にとっての「難しさ」を知る方法

- 「相手にとっての『難しさ』を知るためには、集めた情報から相手を分析することが必要です。『彼を知り己を知れば百戦殆からず』は、有名な孫子の兵法の一つですね」
- 「はい、よく知っています」
- 「これをみてください」

　阿井田は、タブレットの画面に人差し指を当て、ページをめくるように右に払った。そこで現れたのが、次の図である。

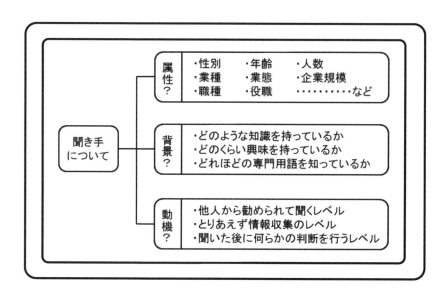

「セミナーを戦に例えるのは相応しくないことかもしれませんが、講師にとってセミナー会場は、まさに戦場です。戦場で勝利するためのはじめの一歩は、受講者と自分自身を知ることです。受講者を知るには、受講者の属性、背景そして動機という三つの視点で情報を集め分析するとよいですよ」

「はい」

「まず属性ですが、小石原さんの場合は企業内セミナーが多いですから、この中でも特に、年齢・職種・役職が重要ですね」

「参加者の経験や立場を知っておきなさい、ということですね」

「そうです。次は背景です。参加者の知識・興味・専門用語をどのくらい持っているかを調べてみましょう。属性と関係することが多いです」

「年齢や役職が高いという事は、色々な経験をしていますから、一般的にいって知識量が多いですね」

「そうですね。最後は、動機です。モチベーションという言い方もよくされています」

「どれだけモチベーションがあるかですね」

「実際にどうやって情報を集めるかをご説明しましょう。あるセミナーをイメージしてください」

「・・・・イメージしました」

「情報収集は、セミナー前のものとその最中のものに分かれます」

「はい」

「まず事前の情報収集についてです。受講者の知財知識がどのレベルなのかは、できるだけ事前に情報を集めたいところです。分析のために時間をかけた分、セミナーを充実させることができるからです」

「はい」

「私は色々な業種や立場の人たちが集まる公開セミナーの講師を務めることが多いのですが、そのつど主催者から受講者リストを前もって

🧑 「もらって分析するようにしています」

🧑 「わかりました」

🧑 「社外セミナーの受講者リストは、それに個人情報が含まれているため提示してもらえない場合もあります。この場合は、名前など個人を特定できるものは削除したものをもらうようにしています。会社名・担当部署・あるなら知財業務年数などだけでもずいぶん助かります」

🧑 「社内セミナーのときはどうでしょう」

🧑 「社内セミナーであれば参加者は同じ企業の同僚ですから、在籍期間や過去や現在の所属部署のほか、過去に発明者として出願に関与した経験があるか、参加したセミナーにはどのようなものがあるか、などの情報があると、より高度な分析をすることができるはずです。普段から情報収集しておくことも大事。足りない分は、社内ネットワークを使って手に入れてください」

🧑 「当日の情報収集はどうやったらいいですか？」

🧑 「セミナーのはじめにテストを行う方法があります。私はこの方法をよく使います。受講者の頭をリセットするためでもあります」

🧑 「どういったものですか？」

🧑 「この次にご紹介する『新規性』テスト[3]が、その一例です。受講者の数にもよりますが、50人以下であれば、回収した回答用紙をざっと見るだけでも受講者の知識レベルを知るために有効です」

🧑 「他にはなにがあるでしょうか？」

🧑 「他の方法として、3から5問ほどの問題を用意しておき、『はい、いいえ』を挙手で答えてもらう方法もあります」

🧑 「例を教えてください」

🧑 「たとえば『今までに知財のセミナーに出たことがある人いますか？いらしたら、手を挙げてください』という具合です。『何か分かりづ

らかったことありますか？』と続けてもよいでしょう」
- 「会場から声が挙がらなかったら、どうしましょう？」
- 「受講者全体を見て後ろの方から『Ｚ』のように視線を動かしながら受講者一人ひとりの目を見て、言いたそうな人がいたら、軽くうなずいて『どうですか？』と聞くのもいいでしょう。こんな具合にです」

タブレットの画面が変わった。

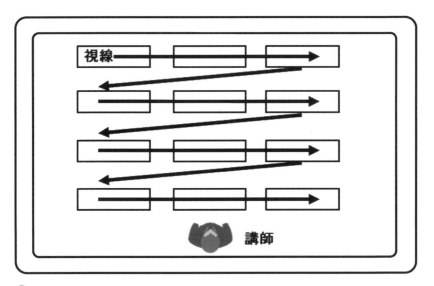

- 「以前、似たようなことをしたことがありますが、皆さん目をふせてしまって、沈黙が続いてしまいました」
- 「沈黙をあまり恐がる必要はありません。30秒も続くような極端な沈黙は困りますが、短い沈黙なら受講者が答えを探すための『間』と捉えることができます。むしろ『間』を積極的につくることが必要なときもあります。これは重要なことですから、別の機会にお話しすることにしましょう[4]」

4 第12章

🙂「待てる時間はどれくらいが限度でしょうか？それでも答えが出なかったら、白けてしまいそうです。どうしたらいいですか？」

🙂「私の経験では、5秒ほどの沈黙なら白けません。沈黙が続きそうだったら、『特許の新規性なんてどうですか？難しくなかったですか？』と受講者全員に聞いてしまいましょう。そうすると、たいてい誰かが頷いてくれます」

🙂「尋ねられていると思うと、思わず反応しちゃいますからね」

🙂「そうです。頷いてくれたら、『ですよね〜』などと言い、『他にも新規性がよく分からない人、いらっしゃいますか？』といって、全員を引き込んでいくのです」

　阿井田は、手のひらを上にして差しだし、頷いてくれた人を示すジャスチャーをしている。

🙂「なるほど。その後はどうしますか？」

　聞かれた阿井田は、時計の秒針くらいの速さで会場を見回すようにしながら小さく頷いて挙手した人の数を数えるそぶりをして見せた。

🙂「『何人かいらっしゃいますね。今日のセミナーでは、新規性についても簡単に触れましょうね。ついでに進歩性はどうでしょう。もっと分かりづらいですか？』・・・・・などと芋づる式に聞いていくうちに、受講者のレベルをつかんでいくのです」

🙂「それは、受講者をリラックスさせるアイスブレーキングの意味もありそうですね」

🙂「正解。そのとおりです」

🙂「セミナーが始まってからも情報収集はできますか？」

🙂「セミナーの最中に受講者それぞれに問いかけることでレベルを把握

するようにするとよいでしょう。会場を歩いている最中に立ち止まって、『皆さんが特許出願しました。１年半経つと、出願はどうなりますか？』という具合です。このとき大切なのは、受講者の一人と視線を合わせ『あなたにお尋ねしています』ということを態度で示すことです」

「そのとき沈黙されたら、どうしたらいいですか？」

「沈黙されたことは、恥ずかしがっている場合もあるかもしれませんが、『正確には覚えていないようだ』と考えましょう。これも一つの情報です」

「特許法によく出て来る『推定』ですね」

「そのとおりです。このとき気を付けなければいけないことは、受講者を追い詰めてはいけないということです」

「逆効果にならないようにするためですね」

「そうです。問いかけてから２、３秒経ってもその人から『出願公開』という答えが出てこなかったら、さりげなく隣の人などに『覚えていますか？』というように振ってください」

「隣の人も沈黙だったら？」

「また隣の人などに『どうでしょう？』と聞きます。三、四人に振ってみてそれでも答が出なかったら、全員の顔をゆっくり見回しながら『出願公開ですよね。出願書類がインターネットにアップされるわけですよね。思い出しましたか？』などとつなげます」

「そうすれば、受講者の中に知財初心者が結構いそうだ、と見当がつくわけですね？」

「そのとおりです」

「一般用語ではない専門用語についてはどうでしょう？」

「専門用語をどれだけ知っているかについても、受講者に尋ねる方法が使えます」

「たとえば、どうやってですか？」

👨 「たとえば『商標の先使用権って聞いたことありますか？先に使用する権利の権と書きます』という具合です」

第３２条（先使用による商標の使用をする権利）
1．他人の商標登録出願前から日本国内において不正競争の目的でなくその商標登録出願に係る指定商品若しくは指定役務又はこれらに類似する商品若しくは役務についてその商標又はこれに類似する商標の使用をしていた結果、・・・・・現にその商標が自己の業務に係る商品又は役務を表示するものとして需要者の間に広く認識されているときは、その者は、継続してその商品又は役務についてその商標の使用をする場合は、その商品又は役務についてその商標の使用をする権利を有する。当該業務を承継した者についても、同様とする。
2　・・・・・

👨 「著作権について『著作物の複製権はご存知ですか？』と聞いたら、『英語でコピー（copy）するライト（right）のことです。丸にＣの©は、ここから来ています』などと付け加えるのもよいでしょう」

第２１条（複製権）
　著作者は、その著作物を複製する権利を専有する。

👨 「『意匠の出願したことありますか？身に着けるコスチュームではなくてイショー（意匠）です』というようにやります」

　阿井田は、受講者に挙手を促すように、自分の右手を挙げて会場全体を見渡す仕草をした。

👩 「挙手なら受講者も応じやすいですね」

「こうやって質問しながら受講者が知識階段のどの位置にいるのかの見当をつけ、目標レベルとのギャップが大きくなりすぎないように臨機応変に説明の内容や程度を調整しながら説明していきます」

「情報の収集をやろうとしたができなかったり、やったがうまくいかなかったりしたため受講者の知識レベルを見極めることができない場合もあると思いますが、どうしたらいいですか？」

「その場合の対処法は、別の機会[5]にご紹介します」

「質問に対する答え方から相手のレベルを見ればいいんだ」

5 第11章

第4章　テストでやる気をそそる

セミナーが始まった

- 「お早うございます。知的財産部主任の小石原さとみです」
- 「お早うございます」
- 「開発部の皆さん、本日はお忙しいところお集まりいただき、誠に有難うございます」
- 「いえいえ・・・・・・」

　ここは、T本社内にあるセミナー室。小石原による知財セミナーが始まった。
　この2週間ほどの間、小石原は、知財検定管理技能検定を受験するときに使った教科書などを読み返し、インターネットで検索したりして色々な知財情報を集めた。パワーポイントの資料をなんとか間に合わせ、今日を迎えた。

- 「すでに開発部長からお話があったと思いますが、我が社ではこの度、『知財を最大の経営資源にする』という方針が打ち出され知財に力を入れようということになりました」
- 「・・・・・・」

　若干のざわつきがあったが、発言するものはいない。

- 「言うまでもなく我が社の強みは技術力ですが、費用と労力をかけて

開発した技術であっても簡単に模倣されたら競争力につながりません。こういった模倣を防ぐ有効な手段が知財制度です。そこで、制度の理解と活用を推進するため、本日のようなセミナーを開くことになりました」

「・・・・・・」

「開発部以外の部もそうですが、特に開発部のメンバーにも知財のことを分かってもらい、事業部や知財部とスムーズに連携できるようにすることが、このプロジェクトの狙いです。そこでプロジェクト名を、『知財なるほどプロジェクト』にしました」

「ソーなんだ・・・・・」

「では、早速始めましょう。最初は、特許法の目的からご説明します」

第1条（目的）
　この法律は、発明の保護及び利用を図ることにより、発明を奨励し、もつて産業の発達に寄与することを目的とする。

「特許法は、発明の保護及び利用を図ることにより、発明を奨励し、もつて産業の発達に寄与することを目的としています」

「・・・・・・」

　いきなり特許法の目的を聞かされ、受講者は少し引いている。「だからなんなのさ」とは言わないが、「産業の発達も大事だけど、私にとっては『我が社の業績向上』のほうが、よっぽど大事よ」という雰囲気が漂っている。そのことにお構いなく小石原の説明は続く。

「特許法でいう『発明』とは、自然法則を利用した技術的思想の創作のうち高度のものをいいます」

> 第2条（定義）
> 1．この法律で「発明」とは、自然法則を利用した技術的思想の創作のうち高度のものをいう。
> 2．‥‥‥
> 3．‥‥‥
> 4．‥‥‥

🧑‍🏫「つまりですね
　①自然法則を利用するものであること
　②技術的思想であること
　③創作であること
　④高度のものであること
が、必要です」。

🧑‍🎓「(ムッムムムムムム‥‥‥？？？？？？」

セミナー室の中は、完全に凍りついている。

🧑‍🏫「次は、『新規性』について説明します。新規性とは、発明が特許出願前に従来にはない新しいものであることを言います。

🧑‍🎓「‥‥‥」

🧑‍🏫「具体的には、
　①特許出願前に日本国内又は外国において公然知られた発明
　②特許出願前に日本国内又は外国において公然実施をされた発明
　③特許出願前に日本国内又は外国において、頒布された刊行物に記載された発明又は電気通信回線を通じて公衆に利用可能となった発明
ではない発明が該当します」

新規性は発明を特許にするために重要な概念なので誤解のないようにと

考えた小石原は、特許法29条1項の条文に沿って正確に漏れがないように、説明した。

👧「・・・・・・？？？？？？」

しかし、受講者はかなり困り顔。「そんな急に条文を読み上げられたって分からないよ」と顔に書いてある。その表情から小石原の脳裏に緊張が走った。

小石原は、とにかく正確に理解してもらおうとして必死だ。分かってもらえないのは、言葉の意味が分からないからと考え、追い打ちをかけるように、言葉の説明に入った。

第29条（特許の要件）
1．産業上利用することができる発明をした者は、次に掲げる発明を除き、その発明について特許を受けることができる。
（1）特許出願前に日本国内又は外国において公然知られた発明
（2）特許出願前に日本国内又は外国において公然実施をされた発明
（3）特許出願前に日本国内又は外国において、頒布された刊行物に記載された発明又は電気通信回線を通じて公衆に利用可能となつた発明
2 ‥‥‥

👦「『とっ特許出願前』とはぁ、・・・・・・・」
👧「・・・・・・」
👦「えー、次に『公然知られ』とは、・・・・・・」
👧「・・・・・・」
👦「それと『公然実施され』というのは、・・・・」
👧「・・・・・・」
👦「『頒布された』ですから頒布されない場合は・・」
👧「・・・・・・」

もう完全にオーバーフロー状態だ。ベテラン社員の不満げな顔もチラホラ見える。「今さら、そんなことを聞きに来たわけではない」と言いたそうだ。

- 🧑「ここまで、よろしいでしょうか？　質問のある方、いらっしゃいませんか？
- 🧑「・・・？？？　（質問どころか何を聞いたらいいか全然わかんない。早く戻ってやり残しの仕事をかたづけたい）・・・」
- 🧑（あれっ、あれだけ丁寧に説明してきたのに・・・。どうしてこうなってしまうの？）

　小石原は、アドバイスをもらうために再び阿井田を訪ねた。

講師は単なる知識提供者ではない

- 🧑「受講者の経験や知識のレベルはバラバラであることが当然です。その中で誰にも分かるように説明しようとすると、一番下のレベルに合わせなければなりません。そうですよね」
- 🧑「はい、その通りです」
- 🧑「どうしてですか？」
- 🧑「大きいものは、小さいものの代わりとして使える、という意味で『大は小を兼ねる』といいますよね、それと同じで『下レベルは上レベルを兼ねる』という感じです」
- 🧑「なるほど。では、『材、大なれば用を為し難し』はご存知ですか？　材木が大きすぎると使いづらいという意味です」
- 🧑「逆の意味ですね」
- 🧑「私は、知的財産の説明については、この『材、大なれば・・・』のほうが好ましいと思っています。下レベルに合わせようとすると、ど

うしても特許法の目的や理論の説明が必要に思えますよね」
「はい」
「これは、講師の役目が『知識提供』にあるということを前提としているからです。すると、次のようなことがよく起こります」

阿井田のタブレットが登場した。

レベルの高い受講者は、
　◎「今さら基本のことなんか聞きたくない」
　◎「レベルが低すぎて時間の無駄だ」と思う

レベルの低い受講者は、
　◎「宇宙語のようで難しくて分からない」
　◎「落ちこぼれそうで憂うつになる」と思う

「このように感じながら参加する受講者も気の毒ですが、講師だって一瞬たりとも心が休まらない状態が続いてしまいます。受講者と講師の両者にとって明らかにマイナスです」
「おっしゃる通りです。どうしたらよいでしょうか？」
「思い込みを捨てることです」
「えっ？」
「『講師は情報提供者である』という思い込みと、『特許のイロハから教えなければならない』という思い込みの両方を捨てることです」

「捨てるのですか？」

「そうです。捨てるのです。受講者というオトナは特許を学ぶために参加しているとしても、特許のことをまったく知らないということは考えられません。どうしてかというと、最近は学生であっても何らかの知財教育を受けるようになっていますし、まして企業で働いているオトナであれば、ある程度の知識や経験を持っているはずだからです」

「インターネット上にも情報があふれています」

「インターネットで検索すれば必要な情報はいつでも手に入ります。もちろん正しい情報なのかの検証は必要ですけどね」

「私の説明資料もインターネット上で検索することで集めました」

「それなのに講師が『特許法の目的』とか『新規性』とかの説明を始めると、『そんなことネットを見れば、いくらでも書いてあるよ』といった感情が受講者の中に生まれます」

「そうなったらオトナたちは聞く耳をもってくれませんね」

「そう、まさに悪循環です。これでは特許を活用して業績を高めようということを実践してもらうことが難しくなってしまいます」

「解決策はありますか？」

「私が実際に行なって成果を上げている一つの方法をご紹介します。その前に小石原さんに考えてほしいことがあります」

「何でしょう？」

「たとえば特許の新規性の説明をする場合を想定します。
知財関係者にとって特許法29条1項は、基本中のキホンであって、これらを知らないと仕事になりませんね」

「はい」

「ところが、今の小石原さんは知財関係者であっても、以前は違いましたよね。新規性の条文を初めて見たとき、はたして1回でその意味を理解できましたか？あるいはセミナーなどで1回聞いただけで、新規性のことを知識として吸収できたでしょうか？」

- 「いいえ、できませんでした」
- 「そうですよね。1回読んだり聞いたりしただけで特許法29条1項を理解できた人を、私は一人も知りません。本当のことをいうと、この私も文面の奥にある深い意味まで見抜いて理解できるようになるまで、教科書や条文を噛みしめるように何回も読まなければなりませんでした」
- 「それを知って、安心しました」
- 「新規性のことをきちっと理解するためには、特許法29条1項を読むだけでは足りません。「特許出願前」、「公然」、「知られ」、「公衆に利用可能」などなどの条文に含まれる言葉の理解も必要です。こうした言葉の意味も併せて理解しなければ、新規性の条文を理解したことにならないわけです」
- 「よくわかります」
- 「知的財産関連の試験の中で一番難しいとされる弁理士試験の論文試験の合格点は、100点満点の60点だと言われています。言い換えると、正答率100％まで行かなくても、60％を超えれば知財のプロになれる知識があることを国家が認めますよ、ということなのです」
- 「知的財産管理技能検定1級の実技試験も『満点の60％以上』が合格と聞いています」
- 「それなのに知財関係者である小石原さんが知財をわかってもらおうとする相手、すなわち知財業務とは直接の関係を持たない開発者らに1回で理解せよと言っているのです。これって少しムリがありませんか？」
- 「確かにそうですね」
- 「忘れてはならないのは、開発者を含む非関係者の大半は、知財関係者に対し『知財を処理するのは、あなたたちの仕事でしょ』という意識を持っているということです」
- 「耳が痛いですね」

👨「私たち知財関係者は、この事実を謙虚に受け止める必要があります。非関係者は知財を『理解できない』のではなく、非関係者に『理解される』ように知財関係者が伝えてこなかった、と考えるべきなのです」

👩「耳が痛くてちぎれそうです」

👨「知財関係者がこの点に気づき、知財の伝え方を分り易い方向に変えていくことで、非関係者による知財の理解が進み、これによって知財がいかに企業活動と自分たちの課題解決にとって重要な要素なのか、ということが理解されるようになるはずです」

👩「はい」

👨「こういった重要性が理解されれば、知財関係者の仕事がやり易くなります」

👩「阿井田先生、まったく同感です。では、具体的にどうしたらよいでしょうか？」

👨「まず自分が過去に勉強した知財の専門用語を勉強した順番で伝えるだけでは伝わらない、ということをしっかりと理解してください」

👩「理解しました」

👨「考えてみてください。知財関係者は非関係者に何を分かってほしいのですか？特許法の100％正しい知識ですか？それとも、知財関係者である小石原さんが、知財を中心としたコミュニケーションをするために必要で十分な60％の納得感ですか？」

👩「納得感で足りると思います」

👨「であれば、まず納得感を得ることを考えましょう。ある程度の納得感があれば、コミュニケーションができます。それができるようになってから例外を説明しても遅くはありません」

👩「阿井田先生は、新規性のことをどうやって説明するのですか？」

👨「私は、新規性という新しさを守るのは、汗水たらして開発した技術をパクられないようにするためで、そのために大事なことは、『見せない』『出さない』『話さない』であると説明します」

「なるほど。語呂がいいし覚えやすいですね」

「そのように説明した後、『特許出願前とは・・・』、『公然とは・・・』というふうに一つ一つの言葉を定義していくかわりに、次に示す『新規性テスト』を行いゲーム感覚で理解してもらうようにしています」

「ゲーム感覚ですか？」

「ゲーム感覚で挑戦してもらえば、参加者は飽きません。行き過ぎはいけませんが、多少の競争心を煽るのも手です。受講者を二手に分けて紅白戦をやってもいいです。私は何回ものセミナーの中でこの新規性テストをやってきましたが、いつも大盛り上がりで白けたことはありません」

「新規性テストをやったとして、その答え合わせは、どうやりますか？」

新規性テスト

「回答用紙は受講者にもっていてもらい、答え合わせをします。1問ずつ『新規性があると思う人、手を挙げてください』・・・・『ないと思う人、手を挙げてください』・・・・『ある、が正解ですね。どうしてかというと・・・』というようにして進めていきます。答え合わせをするときの理由付けが大事です。受講者に問いかけながら、新規性

あるなしの答えと理由をていねいに解説してください」

😊「問題を解いた後なので、受講生の頭の中は解説を受け入れるためのウォーミングアップ済みですね」

😲「そうです。受講者に語りかけながら、かみ砕いた説明を行ってください。ウォームアップができていますから、受講者は効率よく吸収してくれます。新規性テストと回答のサンプルを差し上げましょう[1]」

😊「クイズ感覚で学べるから、使い勝手がよさそうです。さっそく使ってみます。本日は有難うございました」

「クイズ感覚で理解してもらえばいいんだ」

---

1 P.48 新規性テストの一例、P.49 解答と解説

新規性テストの一例

No	新規性テスト	回答
1	○○大学において講師が教材として受講生に講義した、栃木県○○市に本店を置く地場企業が開発した△△管理方法に関する発明	有・無
2	○○市立図書館に陳列されたままで、まだ誰も読んだ者がないことが明らかな月刊誌「建設技術」に記載されているクレーンに関する発明	有・無
3	イスラエルのテレアビブ図書館にだけに展示された技術雑誌にヘブライ語で書かれた×××度評価方法に関する発明	有・無
4	在職中の守秘義務を内容とする契約を、勤務先メーカーと行った社員が、退職した。在職中に知りえた橋梁の分析方法の改良に関する発明	有・無
5	東京ビッグサイトで開催される□□□装置の展示会で内部に特徴がある食器洗浄装置を展示した。展示会社の説明員は、求められなかったので誰にも発明について説明していない	有・無
6	ビッグデータを使った最先端技術に関する発明「苺自動育成システム」を、○○小学校へ就学予定の子供にうっかり見せてしまった。	有・無
7	ヤフーの知恵袋を使って他人に教えてもらった◇◇改良方法の発明	有・無
8	営業マンが受注をする際に、「これは、ここだけの話にしてくださいね」と言ったら頷いたので、発注側の技術者に詳細に説明した◎◎◎の充填度測定のためのキャリブレーション方法の発明	有・無
9	○○生糸の製造・販売を行うX社は、開発した機能性繊維の発明について特許出願したいが、その資金がない。そこで、特許出願の費用を負担してもらおうと考え、某大手企業に話を持ち込み、システムについて詳細に説明した。が、交渉が決裂したときの当該発明	有・無
10	「広報○○市」に記載された発明(触媒に関する発明)そのものではないが、記載発明から類推可能なゲームに関する発明	有・無

解答と解説

No	新規性テスト（解説）	回答
1	受講生は守秘義務をもっていない。義務ありなら有としてもよい	有・**無**
2	知りうる状態にある	有・**無**
3	刊行物の記載言語を問わない	有・**無**
4	退職により守秘義務解除。退職後も有効な契約ありなら有もOK	有・**無**
5	説明員は守秘義務を負っていない	有・**無**
6	就学予定の子供は、技術的に理解できない	**有**・無
7	ヤフーの知恵袋記載時点で公知	有・**無**
8	口頭意思表示で守秘義務発声。立証可否は別問題	**有**・無
9	交渉前守秘義務契約なし。決裂無関係。ありなら有としてもよい	有・**無**
10	新規性ではなく、進歩性有無の問題	**有**・無

第5章 法的に正確なら伝わるはマチガイ

モレのない説明なら伝わる？

🧑「では次に『出願公開制度』についてご説明します」

　T本社内にあるセミナー室のセミナーで小石原は、出願公開制度の説明を始めた。受講生には疲労の色が見えはじめている。

🧑「よろしくお願いしまーす」
🧑「開発部の皆さん、この説明が終ったら休憩を入れますから、もう少しご辛抱ください」
🧑（もう少しってどれくらいかなー。ちょっと疲れたわ）
🧑「出願公開制度とは、審査段階のいかんにかかわらず、原則として出願の日から1年6月を経過した後に、特許出願の内容を公衆に知らせる制度のことです。具体的には、特許公報に所定事項を掲載することで行います」

第64条（出願公開）
1.　特許庁長官は、特許出願の日から一年六月を経過したときは、特許掲載公報の発行をしたものを除き、その特許出願について出願公開をしなければならない。次条第一項に規定する出願公開の請求があつたときも、同様とする。
2. ‥‥‥
3. ‥‥‥

- (『審査段階のいかん』って何かしら？『原則として』というなら例外もあるのね・・・）
- 「『審査段階のいかん』とは、・・・・・えーっ、審査してもらうには審査請求をする必要があるのですが、・・・・・この請求をしているかどうか、していたとして審査結果が示されているかどうか、に関係なく、ということです」
- 「・・・・・・・・（要するに、審査とは無関係なのね）」
- 「『原則として』というのは例外があるからです」
- （やっぱりねぇ）
- 「原則は『出願日』から1年6月後ですが、分割出願や変更出願については、分割出願の日ではなく元々の出願日のことを言います。たとえば今年の1月1日原出願がされ、同じ年の10月10日に分割されたとすると、この1月1日が元々の出願日になります。10月10日は公開日とは無関係です。これらは変更の場合も同じです」
- （分割出願とか変更出願のことがよく分からないけど、しょっちゅうある出願なのかしら？）
- 「さらに、パリ条約の優先権を主張する出願の場合は、第1国出願日が基準になります。国内優先権を主張する出願の場合の基準は、先の出願日です」
- （優先権って、聞いたことはあるけれど、・・・・それって何？）
- 「ところで、全部の特許出願が公開されるわけではありません」
- （えーっ、なになに、それって何なの？）
- 「同じ出願について特許公開公報が発行されている場合は対象外になります。ダブルで公開する必要がないからです。それから出願人が希望する場合は、1年6月前に公表するやり方もあります」
- 「・・・・・・・・」
- 「あっ、そうだ。公開前に取り下げられたり、却下されたりした出願も対象外です。それから国際特許出願・・・・・（これでモレなく説

明したかな？）。お分かりいただけましたでしょうか？」

第64条の2（出願公開の請求）
1．第六十四条の二　特許出願人は、次に掲げる場合を除き、特許庁長官に、その特許出願について出願公開の請求をすることができる。
（1）　その特許出願が出願公開されている場合
（2）・・・・・
（3）・・・・・
2．・・・・・

- （もう、私、耐えきれない。ノーコメントにさせていただきますぅ）
- 「・・・・・質問はありますか？」
- （いえいえ、とてもじゃないけど、質問できるレベルにないわ。要するに何なの？）

法的に正確なら伝わる？

- 「小石原さん。どうなさったのですか？少し悩んでおられるようですね」

後日、小石原は、阿井田の事務所にいた。

- 「実は、出願公開制度の説明をしたとき、法的にも正確だしモレなく丁寧に説明したのに、『要するに何なの？』という顔をされちゃいました」
- 「あれあれ、ですね。どのような説明をされたのですか？」
- 「出願公開制度を定義した後、審査請求との関係、基準となる出願日とその例外、公開されない場合の順で説明しました」
- 「なるほど。小石原さんは何を伝えたかったのですか？今のお話です

と、出願公開制度全般を隅から隅までモレなく理解してほしい、という意図が見えますが、どうですか？」

「そのとおりです。法的に不正確だったりモレがあったりすると、理解したことにならないと考えたからです」

「そう考えその通りに行動したけれど、理解されなかったようだ、ということですか？」

「はい」

「意外に思われるかもしれませんが、『法的・法律的に正確なら伝わる』がマチガエだと思ってください」

「えっ、正確でなくてもいいのですか？」

「勘違いしないでくださいね。間違っていても構わない、といっているわけではありません」

「どういうことでしょうか？」

「せっかくの機会だから、自分が持っている知識をできるだけ教えてあげたいという思いから、あれもこれもとたくさんの情報を伝えたくなることもあるかと思います」

「はい」

「しかし、ですね。説明した内容のすべてを相手が理解してくれるとは限りません。伝えたいことを一方的に浴びせかけるだけでは、情報を整理できずに相手が混乱してしまいます」

「はー」

「そうなるとモレなく説明したつもりが、ポイントさえモレてしまうことがよくあります」

「はい」

「ここに、特許庁編の『工業所有権法（産業財産権法）逐条解説』[1]があります。出願公開は特許法64条ですね。開いてみましょう」

「阿井田先生、ここです」

「あぁ、これですね。ここに出願公開制度が作られた理由が書かれています。読んでみましょう。『この制度の目的は、審査の遅延により、出願された発明の内容が長期間公表されず、そのため、企業活動を不安定にし、また重複研究、重複投資を招いているという弊害を除去することである』とあります。すでに誰かが同じ研究を行っていてそれが完成したことを公衆に知らせ、他人が同じ内容の研究に無駄なお金をかけないようにする、という目的が理解できます」

「このことは、セミナーのとき受講者に伝えました」

「さすがですね。ところで、『重複研究、重複投資』といったとき、受講者はすぐにピーンときたでしょうか？」

「尋ねた訳ではありませんが、そう言われると、きていなかったかもしれません」

「どうして、そう思うのですか？」

「耳慣れない言葉であることが一つの理由だと思います。それから、『弊害』といっても話が大きすぎて、自分たちに直接関係あるかどうかが

1　工業所有権法（産業財産権法）逐条解説〔第20版〕はウェブで閲覧できる。
　http://www.jpo.go.jp/shiryou/hourei/kakokai/cikujyoukaisetu.htm

- 「分かりづらいからではないでしょうか？」
- 「私も同じことを考えました。受講者の本音は、『私に何の関係があるの？役に立つの、それって？』です。小石原さん、そこに気が付いたなら、これを改善する方法を考えましょう」
- 「どうすればいいですか？」
- 「法律とか制度を作った人の立場から説明するのではなく、受講者のような聞く側の立場で説明することです」
- 「立場を変えるのは、どうしてですか？」
- 「作った人の立場で説明すると、どうしても全てを伝えたくなるし、使う言葉も業界用語や専門用語ばかりになりがちだからです。そうではなく聞く側の立場の目線で説明すれば、自分たちに関係ある事だとなって、身近に感じてもらえます」
- 「詳しく教えてください」
- 「小石原さん。特許制度の一部を構成する出願公開制度というものをざっくりと理解してもらいたい、またざっくりで足りる受講者に一番理解してほしいことは何ですか？」
- 「1年6月経過後に特許出願の内容が公衆に知らされる制度だ、ということです」
- 「それを、受講者目線に翻訳してください」
- 「えーっと・・・・」
- 「公衆に知らされることは、受講者にどういう関係にありますか？どういう影響がありますか？」
- 「えーと。公開された発明と同じ発明は出願しても特許が取れません」
- 「もうちょっと」
- 「研究が無駄になるかもしれません」
- 「はい、そうですね。公開制度を知っておくと、研究を無駄にしないで済むわけですね。他には？」
- 「他に、ですか？」

- 「自分たちの研究を無駄にしない、特許を取れないということは、自分たちが出願人の立場にたっていますね。今度は、公衆の一員だという立場にたってみてください」
- 「どういうことですか」
- 「第三者の研究内容を見ることができるのだから、自分たちの研究のヒントになるということも伝えてあげてください。公開制度を上手に活用すると、効率の良い研究なり開発ができますよ、という言い方でもよいでしょう」
- 「でも、他人の特許権を侵害するかもしれないですよね」
- 「確かに、その点は注意しなければいけません。特許公開公報を見て自分たちのテーマに近いと思ったら、すぐに知的財産部に連絡してほしい、ということを伝えることは大切です。そのときは知的財産部の出番だし、腕の見せ所ですね」
- 「はい」
- 「他には？」
- 「まだ、あるのですか？」
- 「自分たちの競合にはならないが、使える技術やアイデアが自分たちとは関係ない分野にある、ということがよくあります」
- 「たとえば、なにがありますか？」
- 「たとえば、『回転すし』のアイデアは、ビール工場でビールビンがぐるぐる回っているのを見て思いついたそうです。こんなことも併せて伝えてあげると、受講者は興味をもってきいてくれるはずです」
- 「別の分野の技術なら、特許権侵害の心配も少ないですね」

理解しやすい言葉に翻訳

- 「法的正確性についてこれまでは、モレのあるなしの観点から説明しましたが、今度は表現方法の観点から見てみましょう」
- 「はい」
- 「社内セミナーや個別の検討会で特許権の効力とか範囲を分析することがありますよね」
- 「はい、あります」
- 「どうやって分析しますか？」
- 「特許請求の範囲の文言を分説して構成要件に分け、それぞれの構成要件を吟味したうえ、特許権の範囲を確定したり、懸念する商品があるときはその商品がすべての構成要件を備えているかを検討したりします」
- 「ちょっと横道にそれますが、一つ聞いていいですか？」
- 「はい。どうぞ」
- 「今出てきた『分説』とは、分けるの『分』と説明の『説』の『分説』ですよね。特許裁判でも使われるこの『分説』という言葉を私たちは当たり前のようにつかっていますが、どうも一般の人に伝わっていないようです」
- 「えっ、そうですか？」
- 「はい。ワープロで『ぶんせつ』と入力してみてください。『文』の『節』と書いて文の単位を意味する『文節』と、『分』ける『節』と書いて部分に分けることを意味する『分節』しか出てきません。国語辞典にも、『分説』という言葉はありません。つまり、『分説』は、業界用語であって、一般用語ではないのです」
- 「えーっ、考えたこともありませんでした」
- 「私たち知財関係者は、業界用語をなんの説明もしないで当たり前のように使っていることが結構あります。小さなことのようですが、こ

のような業界用語が理解の大きな邪魔になっています。これを改善するだけでも知財の食わず嫌いを防いで伝わりやすくすることができるのです」

「はい、分かりました。では、この『分説』は、どうやって説明したらよいのですか？」

「一般の人に話すときは、『分説とは、請求項の言葉を分けることです』と定義してもよいのですが、それをするくらいなら『分解』といったほうが簡単ですし、これならだれでも理解できます。ですから『分説』を使う代わりに『請求項の言葉を分解して・・・』ということをお勧めします」

「はい、そうしたいと思います。でも、知財担当と話すときも同じですか？」

「専門家同士の会話の中で使うなら『分説』のままでいいのです。お互いにその意味を知っているから、そのほうが伝わりやすいからです」

「納得しました。今後は、相手の立場と言葉の意味を考えながら使い分けるようにします」

「さて、寄り道ばかりしていられません。特許権の話に戻りましょう。『分説して』、いや『分解して』構成要件に分けるわけですが、請求項の文言はハッキリいって読みにくいですよね。専門家以外の人に伝えるときに何か工夫していますか？」

「いいえ、請求項の解釈は句読点一つで白黒の結論が分かれるくらいシビアですから、神経質なくらい正確さにこだわっています。工夫しているかというと、特に何もしていませんし、やりようがないと思っています」

サトウの切り餅事件

👤「突然ですが、『サトウの切り餅事件』をご存知ですか？これです」

『サトウの切り餅』

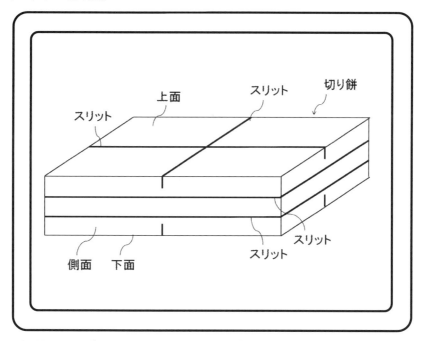

阿井田のタブレットには、切り餅の絵が映っている。

👩「切り餅のスリット位置について、東京地裁[2]と知財高裁[3]が違った判断をした、という事件ですね。よく知っています。この事件は、社内セミナーで取り上げました」

👤「そう、その事件です。その事件を取り上げて、受講者に何を理解してほしかったのですか？判決が正しいかどうかを検討するためですか？」

---

2 東京地判 平成21年（ワ）第7718号
3 知財高判 平成23年（ネ）第10002号

👩「いえ、違います」

【請求項1】
焼き網に載置して焼き上げて食する輪郭形状が方形の小片餅体である切餅の載置底面又は平坦上面ではなくこの小片餅体の上側表面部の立直側面である側周表面に、この立直側面に沿う方向を周方向としてこの周方向に長さを有する一若しくは複数の切り込み部又は溝部を設け、この切り込み部又は溝部は、この立直側面に沿う方向を周方向としてこの周方向に一周連続させて角環状とした若しくは前記立直側面である側周表面の対向二側面に形成した切り込み部又は溝部として、焼き上げるに際して前記切り込み部又は溝部の上側が下側に対して持ち上がり、最中やサンドウィッチのように上下の焼板状部の間に膨化した中身がサンドされている状態に膨化変形することで膨化による外部への噴き出しを抑制するように構成したことを特徴とする餅。

特許第4111382号

　切り餅事件で問題となった特許第4111382号の請求項1が示された。漢字のやたらに多いところどころに句点が打たれた10数行の一文で、読点は文末の1個だけである。

👨「小石原さんが伝えたかったことは、東京地裁と知財高裁が違う判断をするぐらい特許請求の範囲の解釈は簡単ではないのですよ、ということではありませんか？」
👩「そのとおりです」
👨「シビアな侵害判断の場でないのなら、請求項の記載を分かりやすい表現に翻訳しても問題ないはずです。たとえば、こうやって表現したらどうでしょう」

タブレットの画面が変わった。

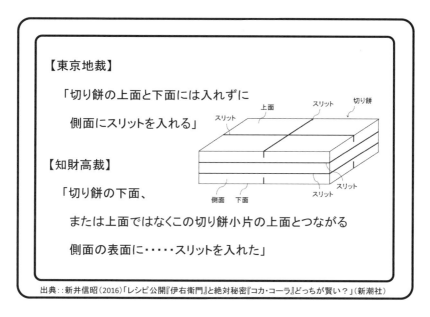

出典：新井信昭(2016)「レシピ公開『伊右衛門』と絶対秘密『コカ・コーラ』どっちが賢い？」(新潮社)

😊「東京地裁の判断と知財高裁の判断の違いが、しっかりと表れていて受講者目線になっていると思います。これなら聞き手は知財アレルギーをおこしませんね」

🧑「アレルギーどころか知財に対する免疫ができます。非専門家に対しざっくりと説明できれば足りるときに、特許公報の請求項の記載をそのまま引用しなければならないわけではありません」

😊「これ、分かりやすいですね」

🧑「もし不安だったら、最初に請求項1の記載の全文を見せて言葉の難しさをまず体験してもらうのがよいでしょう。それから『これは要するに、こういうことです』と言って、今お見せしている東京地裁と知財高裁の判断の違いを見せる方法もありますね」

😊「参考になりました」

iPod 特許侵害訴訟

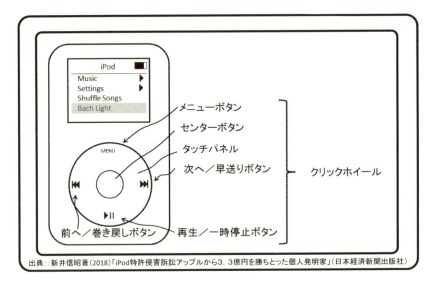

出典：新井信昭著（2018）「iPod特許侵害訴訟アップルから3．3億円を勝ちとった個人発明家」（日本経済新聞出版社）

タブレットを操作しながら、阿井田が言った。

🧑「もう一つご紹介しましょう」

🧑「これはアップルの iPod ですね。私も持っています」

🧑「2015年９月に最高裁で確定した個人発明家とアップルとの特許侵害訴訟事件です。一般に『iPod 特許侵害訴訟[4]』と呼ばれています」

👩「よく知っています。個人発明家がアップルから３億３千万ほどの損害賠償を勝ち取った事件ですね」

🧑「そうです。これは訂正審決の確定した特許権をアップルの iPod のクイックホイールが侵害していたとされた事件です」

阿井田は、事件の対象となった特許第3852854号の請求項１を示した。

4　東京地判 平成19年（ワ）第2525号、第6312号
　　知財高判 平成25年（ネ）第10086号

要件	内容
A	指先でなぞるように操作されるための所定の幅を有する連続したリング状に予め特定された軌跡上に連続してタッチ位置検出センサーが配置され、前記軌跡に沿って移動する接点を一次元座標上の位置データとして検出するタッチ位置検知手段と、
B	接点のオンまたはオフを行うプッシュスイッチ手段とを有し、
C	前記タッチ位置検知手段におけるタッチ位置検出センサーが連続して配置される前記軌跡に沿って、前記プッシュスイッチ手段の接点が、前記連続して配置されるタッチ位置検出センサーとは別個に配置されているとともに、前記接点のオンまたはオフの状態が、前記タッチ位置検出センサーが検知しうる接触圧力よりも大きな力で保持されており、かつ、
D	前記タッチ位置検知手段におけるタッチ位置検出センサーが連続して配置される前記軌跡上における前記タッチ位置検出センサーに対する接触圧力よりも大きな接触圧力での押下により、前記プッシュスイッチ手段の接点のオンまたはオフが行われる
E	ことを特徴とする接触操作型入力装置。

特許第3852854号

「正直いって、読みづらいですね」

「はい。読むのに一苦労です」

阿井田がページをめくった。

要件	内容
A	リング状の軌跡の上に連続して接触点の位置データを検出するタッチ位置検出センサーがある
B	接点をオン又はオフするプッシュスイッチがある
C	Bのプッシュスイッチの接点がAのタッチ位置検出センサーとは別個のものにしてある
D	Aの軌跡の大きな力の押し下げでBのスイッチをオン又はオフできる
E	接触操作型入力装置

特許第3852854号

- 「同じ対象特許の請求項ですが、こうしたらどうでしょう？」
- 「分かりやすくなりました」
- 「このレベルまでかみ砕かれていれば、請求項１の構成要件Ａ～Ｅのそれぞれを iPod のクリックホイールが満たすかどうかを非専門家でも検証できます。特許権の侵害とはどういうものかという相場観を、アレルギーを出さずに味わってもらえます」
- 「はい」
- 「くどいようですが、ざっくりと理解してもらうことを目的としていますので、正確性は犠牲にして分かりやすいように言葉を翻訳しポイントだけ表示しています。それでも何の不都合もありません。要は、使い分けです」
- 「はい」

　阿井田が再びページをめくった。

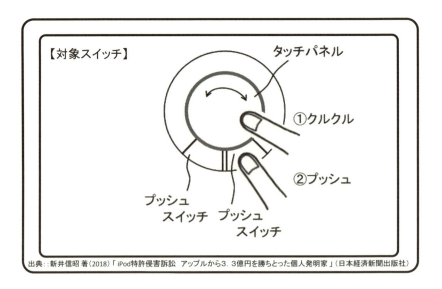

出典::新井信昭 著(2018)「iPod特許侵害訴訟　アップルから3．3億円を勝ちとった個人発明家」(日本経済新聞出版社)

- 「社内セミナーで、これが先の個人発明家の特許を侵害するかどうかを聞いてみてください」
- 「どういう聞き方がいいですか？」
- 「対象スイッチは対象特許の構成要件Ａの『タッチ位置検出センサー』に該当しますか、・・・・それでは構成要件Ｂは、・・・構成要件Ｃは、・・・というようにやってください。ちなみに、タッチ位置検出センサーはタッチパネルのことで、プッシュスイッチは『再生』や『早送り』などを決定するためのスイッチです」
- 「はい」
- 「結論からいうと、ポイントは構成要件Ｄのプッシュスイッチがどこにあるのか、ということです。『押し下げ』で分かるようにタッチ位置検出センサーであるタッチパネルの下にあるのが対象特許です。下にあるからこれを『下スイッチ』と呼ぶことにしましょう」
- 「下スイッチですね。了解です」
- 「これに対し対象スイッチのプッシュスイッチは、タッチパネルの外にあります。これを『外スイッチ』としましょう」
- 「はい」
- 「下スイッチと外スイッチとは取り付け位置が互いに異なります。位置が違えば使い勝手も違ってきますので、結論として対象スイッチは対象特許の侵害とはならない、という流れで説明できます」
- 「理解しました」
- 「『要件Ａの軌跡の大きな力の押し下げで要件Ｂのスイッチをオン又はオフできる』という代わりに一言『下スイッチ』と言えば、言う側も聞く側も楽です。楽だから考えてみようかな、という気になり理解につながります。ポイントを一言で言い切るにはどうしたらよいか考え、それを使って説明してください。慣れればすぐできるようになります」
- 「はい、よく分かりました」

知財の食わず嫌いをなくせ！

😀「これまで色々説明してきましたが、技術者ら知財の非専門家を特許制度のファンにならせる、とまではいかなくても食わず嫌いから脱出させることが大事です」

🙂「はい」

😀「そのためには、知財関係者である我々は自分たちが勉強してきた内容を上から目線でオウム返しに『教える』だけではダメで、相手側の立場に立って話すことが必要です。伝え方改革をしなければなりません」

🙂「はい。ありがとうございました」

「受講者目線で説明すればいいんだ」

> コラム

■プレゼンの出来が商品シェアを決める？

　今はコンパクトが当たり前ですが、1987年4月に花王がコンパクト洗剤「アタック」を発売する前の各社洗剤は、広辞苑2冊を縦にならべたぐらい大きく重いものでした。当時、僅差でシェア争いしていたライオンは、「アタック」の発売により花王に大きな差をつけられてしまいました。このことについて、当時ライオンの開発責任者の一人であったN氏から直接話を聞く機会がありました。N氏によれば「ライオンのコンパクト洗剤（後の「ハイトップ」）をアタックより前に発売することができたのに、生産設備の投資を願う私のプレゼンに対し一人の役員も首を縦に振らなかった」とのこと。化学の世界では「試験管からプラントまで」と言われ、まず試験管の中で生産実験を行い、これがうまくいったら、大量供給のためにプラントレベルの生産設備へのスケールアップが必要です。そのための投資を求めるプレゼンでした。「あのプレゼンが上手にできていれば、ハイトップの先行発売によりライオンのシェアのほうが上になったはずだ」と残念な表情で話してくれました。当時、売れ行き好調の洗剤「トップ」を「ハイトップ」の発売で邪魔をするわけにはいかない、といった事情でもあったのかもしれません。N氏のプレゼンの問題だけではないでしょうが、プレゼンの出来ひとつが商品のシェアに大きな影響を与えかねない、ということを思い知るエピソードです。東京オリンピック招致のプレゼンを引くまでもなく、プレゼン力は成功への道標なのです。

第5章参考文献

1. 新井信昭著（2016）「レシピ公開『伊右衛門』と絶対秘密『コカ・コーラ』、どっちが賢い」（新潮社）
2. 新井信昭著（2018）「iPod 特許侵害訴訟 アップルから3.3億円を勝ち取った個人発明家」（日本経済新聞社）

第6章 視覚（ビジュアル）に訴える

ビジュアルを有効に使おう

🙂「・・・と言うことになります。ここまでよろしいでしょうか？・・・質問のある方は挙手をお願いします」

　知財セミナーでの説明が一区切りしたので、講師役の小石原は、自分の右手を挙げながら受講者に目を向けた。

🙂「質問で～す」

　受講者の一人、開発部の女性の手が上がった。小石原と同期で開発部主任の小野瀬遙（おのせはるか）である。なんでもハッキリと発言する聡明快活な女性だ。

🙂「どうぞ、どういったことでしょう？あっ、質問者にマイクをお願いします」

　質問が出るのは受講者が熱心な証拠でもある。講師役を務める知財部の小石原は、（しめた！うまくいってるぞ）と思いながら、小野瀬を指さし、アシスタントのスタッフにマイクを運ぶように指示。マイクを受け取った小野瀬が話し出した。

🙂「特許請求の範囲って、出願した後に補正できると理解しましたが、

- 「これ正しいですか？」
- 「はい、その通りです。補正できます」
- 「分かりました。でも無制限ではないって話もあったかと思います」
- 「はい、先ほど説明しましたように、最初の開示範囲内で行う補正でなければダメで、新規事項を入れることはできません」
- 「すみません、・・・・もう一度説明してもらえますか？その『最初の開示範囲内』というところがよく分かりません」
- 「もう一度言いますと、・・・・・・『最初の開示範囲』というのは出願当初の特許請求の範囲と明細書と図面の全体に書いてある内容のことをいいます。これも繰り返しになりますが・・・『書いてある内容』というのは、・・・・」
- （言葉で言われたって、イメージが沸かないわ・・・・・）
- （あれだけ丁寧に説明したのに・・・）

　結局、この日のセミナーでは小石原は小野瀬が納得するような説明ができず、なんとなく気まずいまま、セミナー終了の時間がきた。小野瀬も不完全燃焼のまま開発部に帰って行った。このままでは知財嫌いを一人増やしてしまうと考えた小石原は、アドバイスをもらうために阿井田を訪ねた。

- 「小石原さん、本日いらした理由はなんでしょう？」
- 「実は、前回の社内セミナーでは、・・・・・かくかくしかじか・・・だったので、これを改善するためにご相談に伺いました」
- 「分かりますよ。受講者に対し一生懸命説明したあとに『もう一度』とか言われると、一気に腰が砕けてしまうのも無理はありません」
- 「初めからもう一度説明するのも手間がかかるし、説明したい事項がたくさん残っている中で、どうしたらよいか分からなくなりました」
- 「誰でも同じですよ」
- 「そのつもりがないのについ『ですから〜、さっきも言ったように〜』

「などと口に出てしまいます。受講者はイラついたかもしれません」

「小石原さんが心配するほどではないと思いますよ。思うように行かなかったということは、自分を一歩前進させるよい機会です」

「このような場合、どうしたらよいのですか？」

「ちょっとした工夫をするだけで、格段に伝わりやすい説明ができるようになります」

「ちょっとした工夫とはなんですか」

「ビジュアルを有効に利用することです」

「ビジュアルですか？」

「そうです。受講者は、自分の頭の中で、与えられた情報を絵にしたり図にしたり、ときには立体にしたりして聞いた話を再現しながら理解しようとしています」

「なるほど」

「一方で、誰もが自分自身の今までの経験や認識してきたバックボーンによって形成される枠組みをもっていて、絵や図はその枠組みの中で作られます」

「はい」

「バックボーンは『十人十色』。みんな違います。だから絵や図も当然違ったものになります」

「違っているままでは伝わりませんね」

「そう。だからまず絵や図をつかって、講師が伝えたい内容の現れたる絵や図と、受講者の頭の中の絵や図と一致させてあげるのです。そうすれば、お互いに認識が一致しますので、理解が進みます。絵や図を見せることのメリットがあります」

「最近は『漫画〜』とか『図解〜』という書籍が増えているのは、そのせいでしょうか。つい最近、『マンガ日本史』を読んだら、その情景が頭にインプットされるので、活字の本を読むよりとても分かりやすかったです」

「現物を見せられるなら、それも効果的です。図面で見ているだけより、発明品の現物を見せられたほうが理解しやすいですよね」

「そう思います」

「参考になる書籍や特許公報などを示すときも、スクリーンに画像を映すだけではなく、印刷した現物を掲げるのもよいですよ。手書きのメモが書かれていたり、付箋が貼ってあったりすると、公報の読み方や講師の意気込みが声に出さないでも伝わります」

「確かに、そのとおりです」

「知財用語は一般用語と離れていることが多く分かりにくいですから、ビジュアル化することがとても有効です」

「とはいっても、知財のことをビジュアル化するのは簡単ではありませんね。よい方法はありますか？」

🧑‍💼「いくつかサンプルをお見せしますから、参考にしてください。特許請求の範囲の補正を説明する図形もあります」

　阿井田は、一つ一つのサンプルをタブレットに映しながら、説明を始めた。

出題手続きの流れ

🧑‍💼「出願手続の流れを示すには、フローチャートが一番よいでしょう」
🧑「すっきりしていますね」

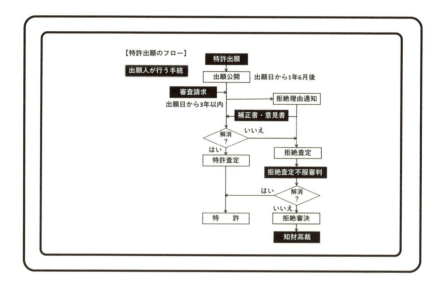

🧑‍💼「このフローチャートは私が作成したものです。受講者に理解しておいてほしい事があるならもっと詳しく書いてもよいでしょう」
🧑「たとえば、どういう手続についてですか？」

🧑 「ほんの一例ですが、拒絶査定不服審判を請求する時の補正[1]や、特許査定から30日以内に行う登録料納付[2]のことなどを加えることが考えられます」

👩 「はい」

🧑 「気を付けなくてはならないのは、法律的に正確であることを重視しすぎないことです。ある時点で受講者が知らなくても足りることまで付け加えるとかえって分かりづらくなります。注意してください」

👩 「分かりました」

🧑 「参考までに、実用新案登録出願、意匠登録出願および商標登録出願の流れを示します」

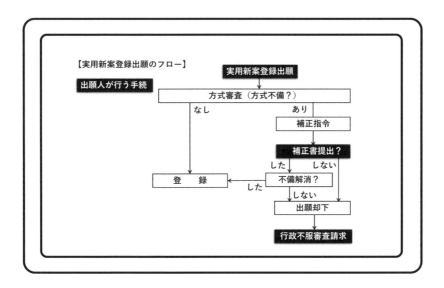

---

1 特許法17条の2、1項4号
2 特許法108条

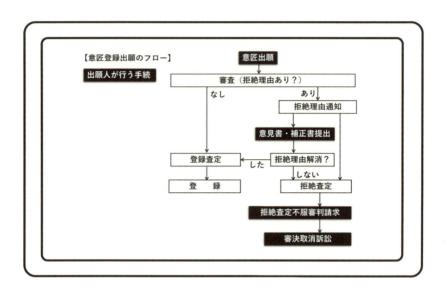

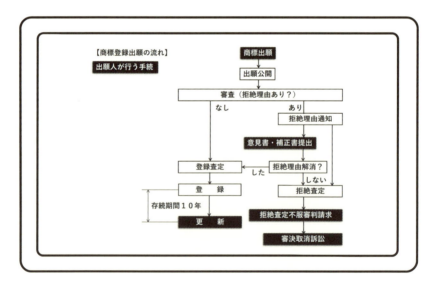

最初の開示範囲と補正

🧑 「知財担当者なら簡単に理解できる『最初の開示範囲内』ですが、部外者には分かりづらい言葉です。たとえば、次のような図を使って説明するとよいでしょう」

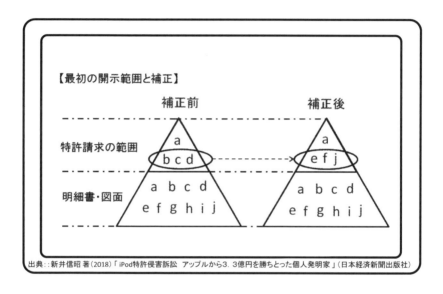

出典：新井信昭 著(2018)「iPod特許侵害訴訟 アップルから3.3億円を勝ちとった個人発明家」(日本経済新聞出版社)

👩 「明細書・図面が台形の部分で、その上の三角形が特許請求の範囲ですね」

🧑 「はい」

👩 「ということは、台形で囲まれた出願時の『明細書・図面』が補正できる範囲を決める『枠』です、と説明すればよいですね」

🧑 「その通りです。枠は 開示範囲とそれ以外とを分ける境界線です、という言い方もあるでしょう。この後は、私の代わりに小石原さんが受講者を想定して説明してください」

👩 「わかりました。やってみます」

- 「お願いします」
- 「エー、台形枠の上に載っている三角形が特許請求の範囲で、出願時に「a」、「b」、「c」、「d」という四つの発明が書かれています。ここで、「a」はそのままで残し他の三つを「e」、「f」、「j」に変更する補正を行ったとします。
- 「いい感じですよ。続けてください」
- 「このとき「e」、「f」、「j」は、出願時から明細書・図面という枠内に書かれていたので、つまり開示範囲だったので、この特許請求の範囲の補正は認められるわけです」
- 「ちょっと失礼。途中で止めてごめんなさい。ケースバイケースで必ずそうして下さいというわけではありませんが、この場合は一言添えるとよいでしょう」
- 「何を添えるのですか？」
- 「これまで『できる』の例を説明したよね。そこで、これをもっと明確にするために『できない』の例も付け加えるとよいでしょう。実務にも役にたちますからね。ご自分でアレンジしてみてください」
- 「・・・エーと・・・ここでもし出願時の明細書・図面に書かれていない「x」や「y」を特許請求の範囲に加えようとしても、これは枠外であるから認められません」
- 「ありがとうございます。説明がお上手ですね。とても分かりやすかったです。ところで、『単なる請求項の削除』や『誤記の訂正』などについても説明したくなりませんでしたか？」
- 「なりました」
- 「そう思う人がほとんどですが、ここで細かいところを説明しようとすると受講者は迷路に入ってしまいます。今は『開示範囲』というものを説明しているのだから、その説明のために直接関係ない事柄については教えたい気持ちをグッとこらえてください」
- 「はい」

😮「法的・実務的に正確でないと座り心地がよくない気持ちはよく分かりますが、ガマンのしどころです。質問があったときに、答えられるようにしておけばよいのです」

🙂「分かりました」

分割出願の流れ

> 第44条（特許出願の分割）
> 1　特許出願人は、次に掲げる場合に限り、二以上の発明を包含する特許出願の一部を一又は二以上の新たな特許出願とすることができる。
> 　・・・・・
> 2　前項の場合は、新たな特許出願は、もとの特許出願の時にしたものとみなす。ただし、・・・・・。
> ・
> ・
> 7　・・・・・。

😮「特許法44条1項柱書によれば、『特許出願人は、次に掲げる場合に限り、二以上の発明を包含する特許出願の一部を一又は二以上の新たな特許出願とすることができる』となっています。小石原さん、これをどうやって説明しますか？」

🙂「そうですね。まず分割出願の『特許請求の範囲』に記載された発明は、原出願における出願当初の明細書又は図面に記載されていたものでなくてはならない、ということを説明します」

😮「分割出願の出願日を現出願日に遡らせるために重要な要件ですね。一通り勉強した人にはサラッと読めて理解できるのですが、それ以外の人にとっては、スクリーンの文字だけ読んでも分かりづらいと思います。より深く理解してもらうために、同じことを違う言葉に言い換

えてもよいですね。たとえば『原出願の明細書又は図面に記載されていない発明を分割出願とすることはできません』と付け加えてもよいでしょう」
「なるほど」
「この図をごらんください」

阿井田は、タブレットの図を小石原にみせた。

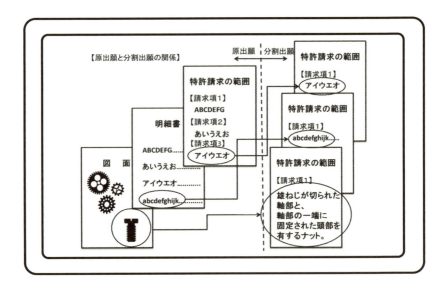

「ぐっと分かりやすくなりました」
「これなら最初の開示範囲内に記載されている発明を、分割出願の特許請求の範囲に記載できることを理解してもらいやすいと思います」
「私もそう思います」
「私が作った図がベストというわけではありません。ここで分かっていただきたいのは、図を使うことが受講者の理解を助ける、ということです。説明を受ける者がどういう立場でどの程度の知財知識を持っ

ているかなどに合わせた加筆・修正を行った上で活用してください」
「図面なんかを変えてもよいのですか？」
「はい。図面の絵を、お見せしているギヤやボルトではなく、自社の製品の絵などを使うと受講者が親しみをもちやすくなります。こういった小技の工夫もかみ砕いた説明のためにとても重要です」
「承知しました。活用させていただきます」

コラム

■「安全安心」とは何か

聞けば「安全安心」は、平成になってから登場した造語だそうです。事業者や行政が気安く「安全安心」を連発しますが、これを安心して鵜呑みにしてよいのでしょうか？「安全」は客観的な判断なのでまだ理解できます。しかし、主観的で人それぞれ度合いの異なる「安心」を最後の１人が満足するまで保証します、には違和感が残ります。2004年４月に文部科学省が出した「安全・安心な社会の構築に資する科学技術政策に関する懇談会報告書」には、「安心」とは何かについて「人々が完全に安心する状態ではなく、安全についてよく理解し、いざというときの心構えを忘れず、それが保たれている状態こそ、安心が実現しているといえる」とあります。「いざという心構え」から分かるように、リスクはゼロではないし私たちには自己責任がある、ということを前提とした妥当な考え方だと思います。問題は、この考え方を私たち国民が共有しきれていないことです。私たちには理解する努力が、事業者や行政には説明する努力が、今の何倍も必要なのです。

http://www.mext.go.jp/a_menu/kagaku/anzen/houkoku/04042302/1242079.htm

出願公開制度

第64条（出願公開）
1. 特許庁長官は、特許出願の日から一年六月を経過したときは、特許掲載公報の発行をしたものを除き、その特許出願について出願公開をしなければならない。次条第一項に規定する出願公開の請求があつたときも、同様とする。
2. ‥‥‥
3. ‥‥‥

阿井田はタブレットの画面を人差し指でさらった。

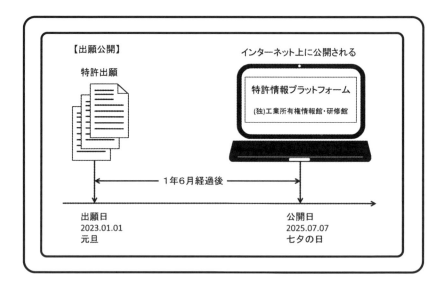

- 「小石原さん、出願公開制度を説明するとき、このような図が役に立ちますよ」
- 「実際の年月日が書かれているし、パソコンの画像も含まれているので、イメージしやすいと思います。『インターネット上に公開される』

とありますが、どのような意図があるのですか？」

「出願公開は特許公開公報を介して行われることは、ご存知のとおりです。その特許公開公報は、インターネット上の特許情報プラットフォームで検索できる、ということを併せて説明するためです」

「なるほど」

「実は、私の本当の意図は、あなたの出願は１年半すると世界中からアクセスされますよ、ということを肌で感じてもらうことにあります」

「単に『公開されます』と伝えるだけでは、どうやって公開されるのかわかりませんが、この図を見せればより深い実践的な理解を得られると思います。参考になります」

特許法 29 条の 2

「小石原さん、特許法の中で説明が難しいと思われる規定は、なんですか？」

第２９条の２（特許の要件）
　特許出願に係る発明が当該特許出願の日前の他の特許出願又は実用新案登録出願であつて当該特許出願後に第六十六条第三項の規定により同項各号に掲げる事項を掲載した特許公報（以下「特許掲載公報」という。）の発行若しくは出願公開又は実用新案法（昭和三十四年法律第百二十三号）第十四条第三項の規定により同項各号に掲げる事項を掲載した実用新案公報（以下「実用新案掲載公報」という。）の発行がされたものの願書に最初に添付した明細書、特許請求の範囲若しくは実用新案登録請求の範囲又は図面（第三十六条の二第二項の外国語書面出願にあつては、同条第一項の外国語書面）に記載された発明又は考案（その発明又は考案をした者が当該特許出願に係る発明の発明者と同一の者である場合におけるその発明又は考案を除く。）と同一であるときは、その発明については、前条第一項の規定にかかわらず、特許を受けることができない。ただし、当該特許出願の時にその出願人と当該他の特許出願又は実用新案登録出願の出願人とが同一の者であるときは、この限りでない。

- 「いくつもありますが、その中でも特許法29条の2と39条の規定が特に難しい、と思っています」
- 「特許法29条の2をどのように説明していますか？」
- 「29条の2は複雑なので、『後願出願後に出願公開された先願の出願当初の明細書、特許請求の範囲、図面に記載された発明又は考案と同一の当該後願に係る発明は、特許を受けられません』と説明します」
- 「受講者の反応は？」
- 「正直なところ伝わっていないようです。どうしてでしょうか？」
- 「『出願当初の明細書等に記載された発明』と『後願に係る発明』が、どこのどれなのかが分かりづらいことが大きいと思います」

阿井田はタブレットを操作した。

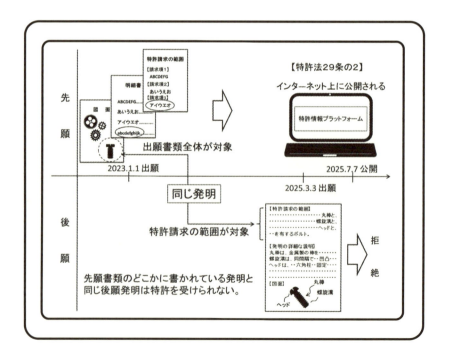

- 「先願の図面と後願クレームの範囲の対比がハッキリして分かりやすくなりました」
- 「実用新案公報が含まれていないし、先願の明細書と後願の特許請求の範囲の対比などは省略しましたが、『先願全体と後願クレーム』の対比であることが、視覚的に把握できるようになっています」
- 「おっしゃるとおり、出願公開との時系列や発明同一の比較対象も一目瞭然ですね。とても参考になります」

コラム

■ AIを使いこなす人間技

「鉛筆」、「ノート」、「指サック」は昔、そして今は「パソコン」、「エクセル」、「使える机」が特許調査の三種の神器です。昔は、特許庁などで百科事典のような「特許公開公報」集を一枚一枚手でめくって調査しました。滑り止めの指サックと公報番号をメモするノート・鉛筆が担当者の必携品でした。1993年3月に始まった電子図書館（現：特許情報プラットフォーム）がこれを一変。職場、自宅、喫茶店などの使える机とエクセル入りのパソコンさえあれば、場所と時間を選ばずに調査できるようになりました。今後の調査はAIが主役になるでしょう。私たちがするべきは、神器を持つことより、AIを操る人間技を磨くことだと思います。

特許法 39 条

🧑‍🦱「今度は39条をみましょう」

第39条（先願）
1 　同一の発明について異なつた日に二以上の特許出願があつたときは、最先の特許出願人のみがその発明について特許を受けることができる。
2 　同一の発明について同日に二以上の特許出願があつたときは、特許出願人の協議により定めた一の特許出願人のみがその発明について特許を受けることができる。協議が成立せず、又は協議をすることができないときは、いずれも、その発明について特許を受けることができない。
－省略－

🧑‍🦱「お願いします」
🧑‍🦱「39条第1項は、同じ発明について『早い者勝ち』[3]と言うだけで比較的簡単に理解される条文です。39条2項の同日出願については、聞かれたら答える程度でよいでしょう。分割や変更出願ならまだしも、同日出願は実務上ほとんどないことだからです。受講者を枝葉に引き込んで混乱させるより『早い者勝ち』だから、出せる出願ならなるべく早く出願するほうがよい、ということを伝えるほうが大事です」
🧑‍🦱「分かりました」
🧑‍🦱「そして『同じ発明』とは何か、となったとき、この図が役にたちます」

タブレットに39条を示す図が映された。

3　説明のとき突然に「先後願」と言わないように。「早い者勝ち」で言いとおすか、使うなら定義してからにするとよい。

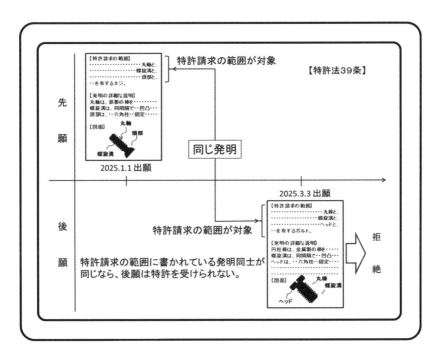

👧「分かりやすいです。クレーム同士の対比であることが一目で分かります。公開が無関係であることも、すぐに分かってもらえると思います」

コラム

■サックスを始めるべきサイン

　眠っていた小学校の笛との再会は、あなたがサックスを始めるべきサイン。指使いは笛のそれとほぼ同じですから、入りやすい楽器です。私のきっかけも笛との出会い。レパートリーは童謡と昭和演歌ばかりですが、アドリブのきいたオシャレなジャズが目標です。

国内優先権

😊「阿井田先生、国内優先権の図はありませんか？」
😃「ありますよ。ほら、これです」

タブレットの画面が変わった。

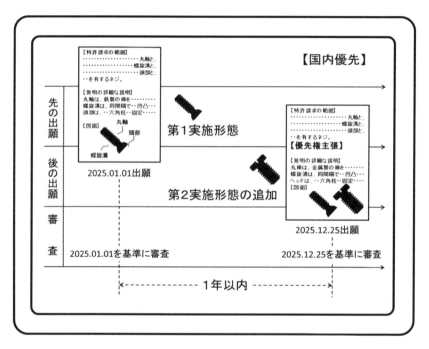

😊「これは、実施形態の追加の事例ですね。とても分かりやすいと思います。一番下の段の『特許庁審査』を加えた理由を教えてください」
😃「ご存知の『人口乳首事件』[4]と、これに伴う特許庁審査基準の変更を説明するためのものです。これは、1年以内ならいつでも実施形態を追加できるとしても、なるべく早く追加してください、ということを

---

4 東京高判 平成14年（行ケ）第539号

分かってもらうためのものです。ただ、細かすぎるといえばそのとおりなので、この特許庁審査に関する一番下の段は省略してもよいでしょう」

第41条（特許出願等に基づく優先権主張）
1　特許を受けようとする者は、次に掲げる場合を除き、その特許出願に係る発明について、その者が特許又は実用新案登録を受ける権利を有する特許出願又は実用新案登録出願であつて先にされたもの（以下「先の出願」という。）の願書に最初に添付した明細書、特許請求の範囲若しくは実用新案登録請求の範囲又は図面（先の出願が外国語書面出願である場合にあつては、外国語書面）に記載された発明に基づいて優先権を主張することができる。－省略－
（1）　その特許出願が先の出願の日から一年以内にされたものでない場合（その特許出願を先の出願の日から一年以内にすることができなかつたことについて正当な理由がある場合であつて、かつ、その特許出願が経済産業省令で定める期間内にされたものである場合を除く。）
　　－省略－
2　－省略－
3　－省略－
4　－省略－

「そうですね。受講者には少し複雑に見えるかもしれませんね」
「複雑かな、と気づくその感覚が、分かりやすい説明のためにとても大事です。あれもこれもではなく、『最低限これだけで足りる』と考えるべきなのです」
「承知しました。一番下の段は、知財担当者同士で議論するときなどに使うことにします」

拒絶理由と補正

- 「『拒絶理由』について教えてください。名称に『拒絶』とあるので、全人格を否定されたかのようにアレルギー反応を起こす発明者がいます。どのように説明したらよいでしょうか？」
- 「苦労した末にできあがった発明について、『拒絶』だと言われた発明者がアレルギー反応するのは無理もありません。ネーミングに問題あり、とまではいいませんが、違う呼び方だったら、よかったかな、と思うときもあります」
- 「同感です」
- 「でも、こういうときが知財担当者の腕の見せ所です。本質を違えない範囲で他の言葉に翻訳してあげてください。私は、『特許性のコメント』という言い方をしています。これかなり評判いいです」
- 「『特許性のコメント』ですか？」
- 「はい。細かいことですが、特許法の29条柱書を見てください。『特許を受けることができる』と書いてあるでしょう」
- 「はい、あります」
- 「この書きかたから分かるように、出願された発明は特許されることが『原則』なのです。拒絶理由が来たとしても補正書や意見書を提出することによって覆ることはよくあることです。こういうときは特許法で使われている言葉にこだわる必要はありません。『特許性のコメント』と言ってあげてください」

第29条（特許の要件）
1. 産業上利用することができる発明をした者は、次に掲げる発明を除き、その発明について特許を受けることができる。
(1) 特許出願前に日本国内又は外国において公然知られた発明
(2) 特許出願前に日本国内又は外国において公然実施をされた発明
(3) 特許出願前に日本国内又は外国において、頒布された刊行物に記載された発明又は電気通信回線を通じて公衆に利用可能となつた発明
2 ‥‥‥

「この次から、そうします」

「それから、拒絶理由をもらうことは悪い事ばかりではない、と説明することも発明者の意欲を保つためにとても大事です」

「と、いいますと？」

「出願時のクレームは、できるだけ広い権利を確保するために広い概念で書かれるのが普通ですよね」

「はい」

「狭い概念で書いた方が拒絶理由をもらうことなく一発で特許してもらいやすいのですが、一発で特許してもらえる最も広い概念をぴったりと当てることは、言うほどやさしい事ではないですよね」

「はい。我が社も、一発で通れば儲けものと言う意味のチャレンジクレームで出願するようにしています」

「チャレンジクレームで出願し、拒絶理由を待って、拒絶理由を回避できるギリギリの補正をすれば、取れる限り広い概念で特許がもらえる、と考えているわけですね。このような『広い概念→拒絶理由→補正→特許』の流れを理由と一緒に説明してあげれば、発明者のアレルギーはずっと少なくなるはずです」

阿井田は、リンゴの絵を映した。

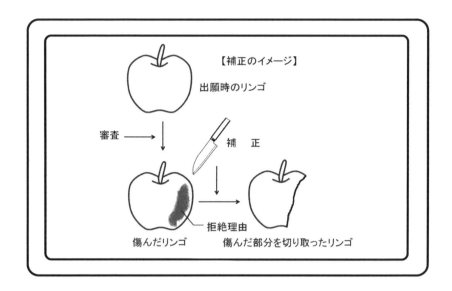

- 「出願時のリンゴはチャレンジクレームです。傷んだ部分が拒絶理由。この傷んだ部分を補正で取り除くと、その分だけ小さくなりますが、食べられるリンゴがのこります。こんなストーリーですね」
- 「よく理解できました」

特許権侵害

- 「特許権侵害の説明で苦労していませんか？」
- 「そのとおりです。『構成要件の該当性』の説明に苦労しています」
- 「これを見てください」

タブレットにジグソーパズルが映っている。

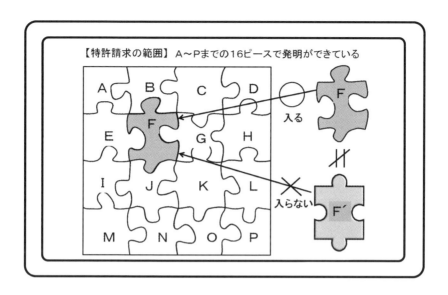

- 「私は、特許請求の範囲を一つのジグソーパズルに例えています。パズルの一つ一つのピースを構成要件として説明するのです」
- 「ほー」
- 「この図では、ピースＡからピースＰまでの16ピースで一枚の絵ができています。発明はいくつかの構成要件でできあがっている、ということを示します。私は、このジグソーパズルのことを『クレームパズル』と呼んでいます」
- 「侵害が疑われる他社製品をバラバラのピースにして、すべてのピースでクレームパズルの絵が出来たら、それはすべての構成要件を満たすことになるから、『侵害だ』ということですね」
- 「そのとおりです。一つでもピースが欠ければ、絵にならないから侵害にならない。ピースの数は合っていても『Ｆ』と『Ｆ´』は形が少し違うので入りません。この場合も結局、絵ができませんから侵害にはならないですね、と説明できます」
- 「『均等』はどう扱ったらいいですか？」

「ピースの形は違っても一定の要件を満たせばオリジナルのピースと『均等』だという考え方もありますが、これを持ち出すと訳が分からなくなりますので、その説明は別の機会に上級者向けに行なうと良いでしょう」

「分かりました。ところでこのクレームパズルは、侵害だけでなく、引用例と比較したときの『新規性』の説明にも使えそうですね」

「はい、使えます。新規性の説明に使うなら、『F』と『F´』という違いについて、その違いの大小によって『進歩性』が決まるということを併せて説明することもできますね」

「これを使えば、特許請求の範囲の意味をかみ砕いて説明できそうです。ぜひ活用したいと思います」

「ぜひ使ってください」

コラム

■アボカドは青春の味

　アボカドとの初対面は1980年、半年過ごしたイスラエルのキブツエイロンでのことでした。キブツとは集団農場のことで、エイロンは地名です。私を含む30名ほどの多国籍ボランティアが、当時700名ほどの入植者たちと共同で生活していました。全敷地は高さ5メートルほどのコイル状鉄条網で囲まれ、小銃をもったゲート警備員や夜警用のドーベルマンが24時間目を光らせていました。銀行の金庫扉のような扉の核シェルターが10か所以上あり、入植者全員が分散退避できる用意がされていました。核シェルターのうちの一つは、男子3年、女子2年の徴兵から戻った若者たちのエネルギー発散のためディスコになっていて、物々しさと平和な都会の躍動感が共存する不思議な場でした。私もビールをラッパ飲みしながら一緒に毎晩のように踊ったものです。食事はまずかったけれど、アボカドだけは例外でした。半分に割って種を取り、皿の上にのせ塩で食べました。今も大好きで、見かけるたびに買い求めワサビ醤油で青春の味を思い出しています。

発明の実施

「特許権の侵害はライセンスを持たない者の特許発明の実施を指すので、『実施』とは何かを理解しておいてもらうことが大事です」

第2条（定義）
1 －省略－
2 －省略－
3 この法律で発明について「実施」とは、次に掲げる行為をいう。
（1） 物（プログラム等を含む。以下同じ。）の発明にあっては、その物の生産、使用、譲渡等（譲渡及び貸渡しをいい、その物がプログラム等である場合には、電気通信回線を通じた提供を含む。以下同じ。）、輸出若しくは輸入又は譲渡等の申出（譲渡等のための展示を含む。以下同じ。）をする行為
（2） 方法の発明にあっては、その方法の使用をする行為
（3） 物を生産する方法の発明にあっては、前号に掲げるもののほか、その方法により生産した物の使用、譲渡等、輸出若しくは輸入又は譲渡等の申出をする行為
4 この法律で「プログラム等」とは、プログラム（電子計算機に対する指令であって、一の結果を得ることができるように組み合わされたものをいう。以下この項において同じ。）その他電子計算機による処理の用に供する情報であつてプログラムに準ずるものをいう。

「はい」

「とはいえ、『生産、使用、譲渡等・・・』というと、漢字だらけでチョット固い。そして長い。しかも『プログラム等を含む。以下同じ』と2条3項で仮定義されているが、それは何かと思いながら3項を読み終え4項に入って初めてそれの意味が書かれているように、条文としてはかなり複雑な構成です。理由があってこのような構成がされたのだとは思いますが、残念ながらサラッと読める内容ではありません。こういった内容ですから耳だけで教わる受講者は、もう混同しっぱなしです」

- 「まったく同感です。分かりづらいです」
- 「そこで私は、次の図を使って説明しています」

阿井田は、タブレットに映し出された画像を指さした。

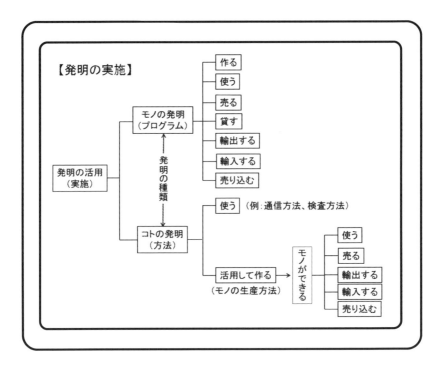

- 「漢字が少なくなった分、分かりやすくなりました。条文にある『生産』『使用』『譲渡』というより、『作る』『使う』『売る』のほうが分かりやすいです」
- 「法律の条文に『生産、使用、譲渡』のような固い言葉が使われていることを非難しても始まりません。難しい言葉を易しい言葉に置き換えることは、法律を教える側に立つ者の役目だと思いますよ。そこに小石原さんのような知財専門家の存在意義があるのです」
- 「分かりました」

契約

👨「小石原さんは、契約について説明することはありますか？」
👦「あります」
👨「それなら、この図が便利ですよ」

阿井田の手が動いた。

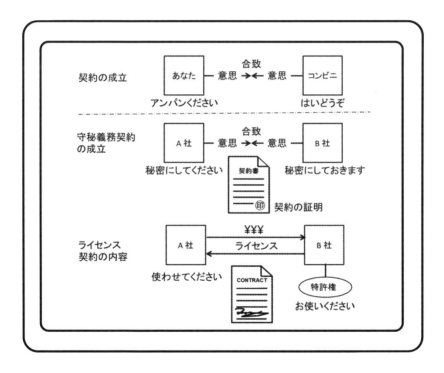

「分かりやすいです」

「画面一番上の『契約の成立』は、身近なものを提示して『反対方向の意思表示の合致』で成立することを示すといいですよ。私たちは知らずのうちに契約を交わしていることを知ってもらえば、契約は他人ごとではないことを理解してもらえるからです。私はアンパンが好きなので、コンビニでアンパンを買うときの『取引』を想定しました」

「阿井田先生は、アンパンがお好きなのですね。私はよくコンビニでホットコーヒーを買いますので、この図を使う時はホットコーヒーの取引にします」

「契約が当事者の合意で成立することを説明したら、『守秘義務契約』も同じであることを伝えてください。『秘密にしてください』という一方の意思表示と『秘密にしておきます』という反対側の意思表示が合致するだけで守秘義務契約が成立する、という説明に繋げます。併せて『ライセンス契約』も同じですよ、と言ってよいでしょう。ちなみに『¥¥¥』は、矢印の向きにお金が支払われることの意味で、A社はB社から有償でライセンスを受けたことを表しています」

「アンパンも守秘義務やライセンスと同じだというなら、身近に感じられますね」

「このとき受講者の頭の中には『契約書は必要？』という疑問が生まれているはずです」

「契約書の要否は、セミナーでよく質問されます」

「そうでしょうね。質問が出たら、なんて答えます？」

「契約が成立するためだけなら契約書は必要ないこと、だけど契約の成立を証明するためには契約書が必要であることを説明します」

「その通りですし、何も問題はありません。契約書の要否を単に『知る』から『記憶に残す』にレベルアップしてもらう一つのやり方として、受講者に聞いてしまう方法があります。質問が出たときは、『皆さん、どう思いますか？必要だと思う人、手を上げてください』などと聞け

ば、受講者に考えてもらうことになるため記憶に残りやすいし、コミュニケーションのきっかけにもなります」
🧑 「わかりました。機会があったら、考え記憶してもらうために受講者に振ってみます」
👨 「クロスライセンスの話もしておきましょう」

タブレットの画面が変わった。

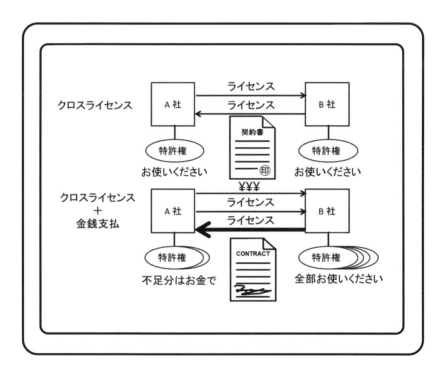

- 「『特許権者がお互いの持っている特許権を交換するように、相互に利用し合うためのライセンス』がクロスライセンスです、と言うだけでは、初めて聞いた人はなかなかピーンときません」
- 「私もそう思います」
- 「この上の絵を見せながら、『Ｂ社さん、我が社の特許をお使いください』と言ったＡ社に対しＢ社が『Ａ社さん、その代わりに当社の特許をお使いください』と、行ったり来たりの関係のことですよ、と付け加えてください。これで、もっと身近に感じてもらえるでしょう。下の絵は、Ｂ社の特許に比べてＡ社の特許はボリュームが少ないので、少ない分をお金で払ってＢ社特許とバランスをとった様子を示しています」
- 「分かりやすくなりました」

> **コラム**
>
> ■ときには非合理的でもいい
>
> 　仕事柄、知財専門家は「非合理的」を極端に嫌いがち。「合理的すぎると、死ぬことが分かっているわけだから生きることが非合理的に見えてきてしまう。ときには非合理的でもいいんだよ」と生前の義父から教わりました。失敗したときに思い出す言葉です。

特許権の共有

🧑‍💼「技術が複雑になったため、他の企業と手を組んで研究開発するようになり、その結果、一つの特許を複数の企業で持ち合うようになりました。T社の場合はどうですか？」

👩「わが社でも特許権を共有することが少なくありません」

第73条（共有に係る特許権）
1　特許権が共有に係るときは、各共有者は、他の共有者の同意を得なければ、その持分を譲渡し、又はその持分を目的として質権を設定することができない。
2　特許権が共有に係るときは、各共有者は、契約で別段の定をした場合を除き、他の共有者の同意を得ないでその特許発明の実施をすることができる。
3　特許権が共有に係るときは、各共有者は、他の共有者の同意を得なければ、その特許権について専用実施権を設定し、又は他人に通常実施権を許諾することができない。

🧑‍💼「特許権の共有を規定している特許法73条ですが、小石原さんはどのように説明していますか？」

👩「えー・・・特許権が共有にかかるときは、各共有者は、他の共有者の同意を得なければ、その持ち分を譲渡し、又は質権を設定することができない、・・・契約で別段の定をした場合を除き、他の共有者の同意を得ないで自由に実施できる、・・・他の共有者の同意を得なければライセンスできない・・・という感じです」

🧑‍💼「盛りだくさんですね。73条の条文に忠実ですので、もちろんどこも間違っていません。ただ、ちょっと分かりづらいですね」

👩「はー」

🧑‍💼「特許権を共有にするときの、良い点と悪い点を説明するために私は、次の図を使っています」

タブレットに映像が映し出された。

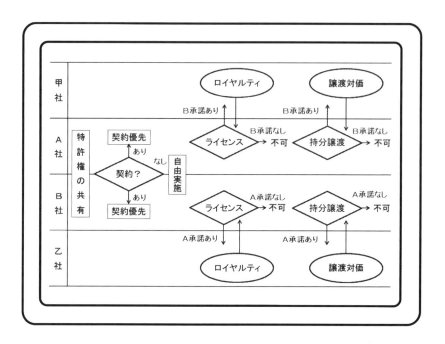

- 🧑 「阿井田先生、73条１項の『質権』がないようですが？」
- 👨 「そのとおりです。自社の判断だけでライセンスしたり譲渡したりできないことは実務的に重要ですが、『質権』については、それほど重要ではありません。だからその分、図面をシンプルにしようと考えました。もちろん臨機応変に付け加えても構いません」
- 🧑 「承知しました。契約とは何かという質問が予想されますが、どのように答えたらよいでしょうか？」
- 👨 「たとえば、大学と権利共有する際に大学の不実施に対して貴社が不実施補償する、とか、製品別とか地域別のように実施範囲を他企業と棲み分ける、約束です、というように説明するとよいでしょう」
- 🧑 「なるほど。ところで、73条の本質を簡単に説明する方法はありませんか？」

「あります。私は、73条は『売れない、貸せない、止められない』という規定です、と言っています」

阿井田は、「ほらっ」と言ってタブレットを指さした。

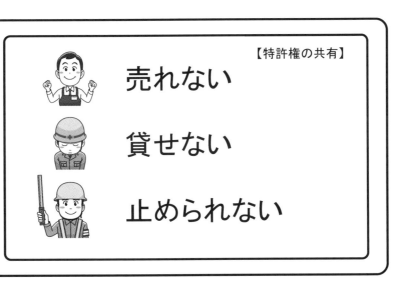

「『売れない』は譲渡できないこと、『貸せない』はライセンスできないこと、そして『止められない』は実施を止められないことを意味します。相手の承諾や相手との特別取決が必要であることの意味をこめたいなら『勝手には、』をつけて『勝手には、売れない・貸せない・止められない』でもいいですね」

「よく分かりました」

職務発明

「最後に、職務発明の説明に使える図を紹介してください」

第３５条（職務発明）
1　使用者、法人、国又は地方公共団体（以下「使用者等」という。）は、従業者、法人の役員、国家公務員又は地方公務員（以下「従業者等」という。）がその性質上当該使用者等の業務範囲に属し、かつ、その発明をするに至った行為がその使用者等における従業者等の現在又は過去の職務に属する発明（以下「職務発明」という。）について特許を受けたとき、又は職務発明について特許を受ける権利を承継した者がその発明について特許を受けたときは、その特許権について通常実施権を有する。
2　－省略－
3　従業者等がした職務発明については、契約、勤務規則その他の定めにおいてあらかじめ使用者等に特許を受ける権利を取得させることを定めたときは、その特許を受ける権利は、その発生した時から当該使用者等に帰属する。
－省略－

阿井田はタブレットを操作して、次の絵を映した。

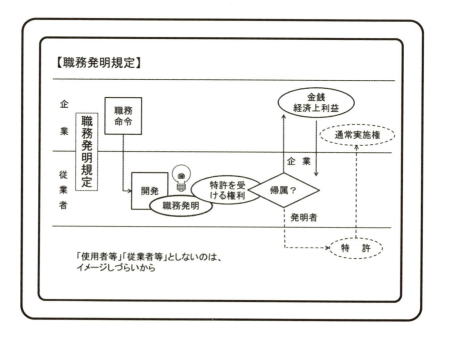

🧑 「この図が役に立つと思います。活用してください」
👩 「ありがとうございます」

まとめ

🧑 「ここまでいくつかの図をお見せしましたが、ここで理解していただきたいことは、『図は理解を助ける』ということです。ある事柄について説明しようとしたときに、その事柄を説明する概略図を描けないかを検討するとよいでしょう。私のセミナーでは、このような図の作り方も教えています」
👩 「はい、よく理解しました。今後は図を有効に使うようにします。本日はありがとうございました」

「視覚に訴えて説明すればいいんだ」

第7章 比喩を使って説明する

－特許編－

　ある日、小石原は阿井田の事務所にいた。今日も伝え方について教えてもらうためだ。

- 「阿井田先生。『特許権』というものを、うまく説明する方法はありませんか？」
- 「小石原さんは、どうやって説明していますか？」
- 「特許権は、独占排他権である、とまず説明します。それから自分だけが実施できて他人を排除できる権利である、と付け加えます」

> 第68条（特許権の効力）
> 　特許権者は、業として特許発明の実施をする権利を専有する。ただし、その特許権について専用実施権を設定したときは、専用実施権者がその特許発明の実施をする権利を専有する範囲については、この限りでない。

- 「それで受講者の反応は？」
- 「しっかりと理解してくれたようには見えません。目に見えないからイメージしづらいのでしょうか。何かよい方法はありませんか」
- 「比喩（ひゆ）を使うといいですよ。比喩によって理解しにくい物事がわかりやすくなったり、イメージしやすくなったりします。効果抜群の小道具です」
- 「比喩とは、『～のように』のことですか？」

🧑‍🦱「そう、それも比喩表現の一つです。比喩表現をたくさん知っておくと、説明する側にとっても聞く側にとっても便利です。言葉だけではなく、できれば併せて図を使うとよいでしょう」

🧑「詳しく教えてください」

🧑‍🦱「まず基本から確認しましょう。比喩とは、ある物事について別の何かに見立て、たとえる表現のことです」

🧑「中学か高校で習いました」

🧑‍🦱「では、おさらいです。比喩には、直喩（ちょくゆ）、隠喩（いんゆ）、換喩（かんゆ）、提喩（ていゆ）の４種類あります」

阿井田は、いつものタブレットを取り出した。

（１）直喩
　「〇〇のような」などと、たとえていることを明示する方法
　例：「審判は、特許庁で行われる裁判のようなものだ」
（２）隠喩
　たとえの表現だということをはっきり示さずに例える方法
　例：「商標は、もの言わぬセールスマンだ」
（３）換喩
　対象と関係の深い付属物などで代用表現する方法
　例：「ライセンス交渉のテーブルにつく」
（４）提喩
　上位概念で下位概念を表したり、その逆をする方法
　例：「期限が迫り忙しくて手が足りない」

🧑「できあがっている比喩は『なるほど』と思いますが、自分で作るとなると、ちょっとハードルが高そうです」

知財担当者の日常業務

🧑 「実は、知財を扱う人にとって比喩表現をつくることはさほど難しい事ではありません。なぜなら、比喩表現をつくるプロセスを日頃から無意識に体験しているからです。具体的に説明しましょう。知財関係者の日常業務の中には、次のプロセスが含まれますね。発明者から提出された発明提案書を読む場面を想定してください」

阿井田がタブレットを操作した。

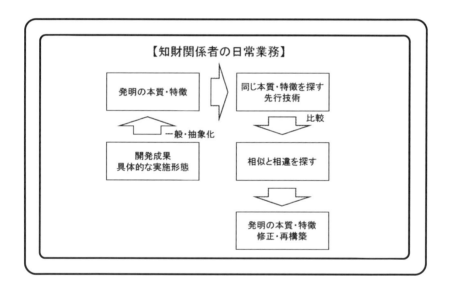

🧑 「つまり、開発者によって提示された開発成果は、少なくとも一つの具体的な実施形態を含んでいますよね。知財関係者はこの実施形態を理解した上で、無意識にこれらを一般化・抽象化して広い概念として捉え発明の本質・特徴を抽出しています」

🧑 「そういえば、そうかもしれません」

🧑 「次に、抽出した発明の本質・特徴と同じ本質・特徴をもった発明を

探します。これが先行技術です。さらに次は、抽出した発明と先行技術とを比較して両者間で似ている点と違う点、すなわち相似点と相違点を探し出し、その上で抽出発明の本質・特徴を修正・再構築します」
「だんだん分かってきました」
「簡単な例を考えてみましょう。発明のとらえ方の説明にも使えますので、そのつもりで聞いてください」
「はい」

阿井田は、タブレットに椅子Aの画像を表示した。

1. 使用者が尻を載せる「尻載せ板部」と、
2. この尻載せ板部を下支えする「脚部」と、
3. この尻載せ板部から上に突き出す「背もたれ部」と、

いう3つの特徴を持った「椅子」

「発明者から次の実施形態が出されましたことにします。これを受けた知財担当者は、この実施形態を一般化・抽象化して次の構成要件を抽出しました。この椅子を『椅子A』とします」
「ここまで理解しました」
「ここで知財担当者は、似たような椅子がないか探したところ、『椅子

B』が見つかりました。椅子Aと椅子Bの本質と特徴を比べてください」

阿井田は、右人差し指でタブレットの画面を右に払った。

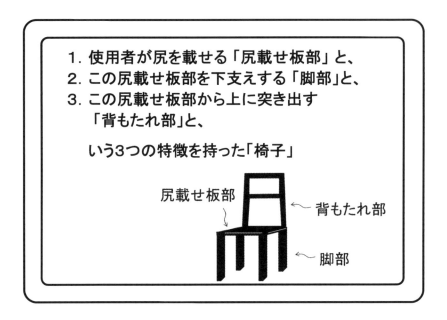

1. 使用者が尻を載せる「尻載せ板部」と、
2. この尻載せ板部を下支えする「脚部」と、
3. この尻載せ板部から上に突き出す「背もたれ部」と、

いう3つの特徴を持った「椅子」

尻載せ板部　←背もたれ部　←脚部

- 「はい。・・・・えー、「尻載せ板部」・・・「脚部」、それから「背もたれ部」と、・・・三つの特徴を持っている点で椅子Aと椅子Bはそっくりです」
- 「そうですね。このままでは椅子Aの発明は新規性がないことになってしまいます。ではもっと細かく観察して違いを見つけてください」
- 「・・・・・椅子Aには、『折り畳み式』である点で椅子Bと違います。脚部と背もたれ部を兼ねる一方のフレームに対し、尻載せ板部の取り付け角度を変えられたりするための仕掛けがあります」
- 「そのような仕掛けを椅子Bは持っていませんね。この仕掛けのことを『折り畳み構造』としましょう」

- 「『折り畳み構造』が加わったので、椅子Aの特徴を再構築できました」
- 「こういった再構築までのプロセスは、多くの知財担当者が毎日のように行っていることですね。比喩を作る作業は、このプロセスに似ています」

比喩表現のつくり方

タブレットの図が変わった。

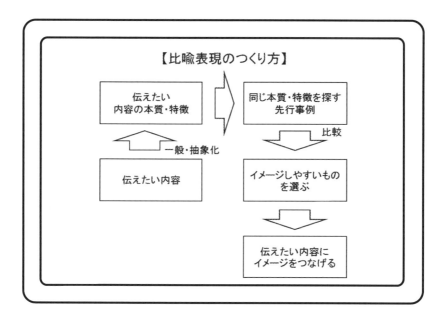

- 「もう理解してもらえたように、比喩をつくるときはまず伝えたい内容を決め、これを一般化・抽象化します。ここで伝えたい内容を『特許権の内容』としましょう。小石原さん、これをより広い概念で捉え特徴・本質を一言で言うと、何になりますか？」
- 「特許法は発明保護が一つの目的なので、『発明の保護』でしょうか」
- 「なるほど。では、何かを保護するもので誰もが知っているものを挙

げてください。これが先行技術ならぬ『先行事例』になります」

「・・・・、生活を守るという意味で『家』や、戦国武将が着る『鎧』、えーと、それから・・・」

「鎧が出たところで、原子力発電所などの作業員が着ている『防護服』はどうでしょう？攻めも守りのうちと思えば『武器』もイメージできます」

「よいと思います」

「今あがった先行事例の中から、相手がイメージしやすいものを選んでください」

「そうですねぇ、・・・『家』とすると保護より居住するというイメージが強いし、『鎧』もいいけど少し時代的にミスマッチ感があるし・・・誰にも分かりやすいものとして『防護服』が無難な選択だと思います」

「分かりました。『防護服』なら、自分を守るというイメージが自然と伝わってきますので、これにしましょう。次は、これを伝えたい内容に繋げます。作業員の体を『発明』として捉えれば、それを保護する防護服を『特許権』と置き換えることができますね。そうすると、『特許権は発明を保護する防護服だ』につながります」

「いいですねぇ。これなら『独占排他権』というより分かりやすくなりました」

「防護服だと独占権の意味合いが読み取れない、という声が出そうですが、その点はさておき、ざっくりと理解してもらうのにはこれで十分だと思います」

「はい、そう思います」

「セミナーなどで話すときの私は、『透明な』という言葉を入れる場合があります。これを『防護服』に当てはめると、『特許権は発明を保護する透明な防護服だ』になります。発明の内容が、特許公報などを通して外部から丸見えであることを示したいときの言い方です。こんな感じでしょうか？」

阿井田は、タブレットをたくみに捜査して次の図をつくった。

😊「なるほど。本質について比喩を使ってざっくりと説明し、何か特別に伝えたいことがあったらそれを付け加える、ということですね」

😲「正解！ここでもし特許は存続期間のある有限なものであるということを併せて伝えようとするなら、『存続期間』を『消費期限』に置き換えて『特許権は発明を保護する消費期限付きの透明な防護服だ』ということもできますよ」

😊「面白いし、分かりやすいです」

😲「お分かりいただけたと思いますが、知財担当者にとって比喩表現を作ることは普段の業務の中で自然に鍛えられています。有効に使って分かりやすい比喩をつくってください。分かりやすいものができたら、私にも教えてくださいね」

😊「はい、わかりました。もうひとつ他の例を教えてください」

😲「はい。実際に私がセミナーや講演で使っている比喩表現をもう一つ

ご紹介します」
「お願いします」
「『闇夜の鉄砲』という言葉をご存知ですか？」
「あてずっぽうにやる、という意味ですね」
「そうです。そこで『闇夜の鉄砲のように特許を取るだけでは効果は小さい』、つまり、戦略的な特許出願が必要だということを意味します。闇夜の鉄砲にはまぐれ当たりという意味もありますが、それに期待して何の戦略もなく開発・出願していては効率が悪すぎますよね」
「その通りだと思います」

－商標編－

「ところで阿井田先生、商標のことも教えてもらえますか？私が担当した商標セミナーで、時間をかけて丁寧に説明したのに、イマイチ伝わり感がないのです。なんというか、理解できないのですかねぇ？」

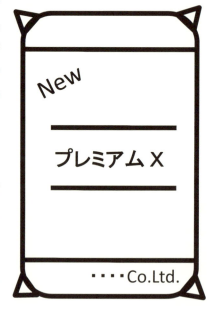

　小石原は知財を教えることに非常に熱心で、何とか成果を上げたいと考えている。

「何を誰に何のために説明したのですか？」
「営業部のある女性から『商標って何ですか？』と聞かれたので説明しました。わが社の素材製品の中に商品名が『プレミアムX』（プレ

ミアムエックス）というものがあります。このプレミアムXの採用のお願いのために訪問した取引先から『これってA社の商標にひっかからないの？』と聞かれたそうです。A社は、わが社のライバルで同じような商品を扱っています」

「なるほど。それで？」

「説明の前に本当にA社の商標にひっかかるか確認するために特許庁の特許情報プラットフォームを使って調査しましたら、A社の登録商標は『PREMIUM』の文字と『A社の会社ロゴ』を組み合わせた形で登録されていました」

「それで分かりました。『PREMIUM』の文字に識別力はありませんから、会社ロゴを合わせた全体で識別力が認められた商標ですね」

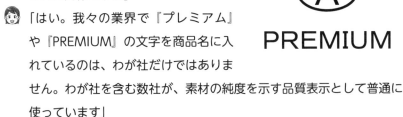

【A社登録商標】

「はい。我々の業界で『プレミアム』や『PREMIUM』の文字を商品名に入れているのは、わが社だけではありません。わが社を含む数社が、素材の純度を示す品質表示として普通に使っています」

「状況が分かりました。では、彼女に『プレミアムX』をどのように説明したのですか？」

「はい。まずは商標とは何かという質問だったので、『商標とは、文字、図形、記号・・・・であって、商品について使用するもの』ですよ、と伝えました。商標法2条1項の定義には『人の視覚によって認識できるもののうち、』という言葉が入っていますが、そこまで説明すると、かえって混同すると思ったので省略しました」

「省略したのはよかったのですが、それにしても、文字だの図形だのというと、商標とは何かと言っている彼女にとっては分かりづらいと思います。そもそも『文字、図形・・・』は、商標法で保護できるも

のを並べているだけなのです。商標法では保護対象になっていないので登録されませんが、『ウナギ屋さんの臭い』は『ラーメン屋さんの臭い』と識別できるように商標として機能することもあるわけです」
「あっ、そうなのですか。勉強になりました」
「商標を説明した後、何を説明しましたか？」
「Ａ社の商標は登録されているけれど、Ａ者の商標を構成する『PREMIUM』の部分は、識別力のない記述的部分だから商標権の効力が制限され、・・・・・、さらにわが社の商標『プレミアムＸ』も識別力のない文字『プレミアム』とアルファベット１文字『Ｘ』を結合させただけだから全体として識別力が否定され、・・・・、あっ、なぜ『Ｘ』の識別力が否定されるかというと、えー、アルファベット１文字は、極めて簡単でありふれているから識別符号として機能しない・・・・・」
「ゴメン！正直にいって、専門用語だらけで、かなり分かりづらいです」
「やっぱり、だめですかねぇ。どうやって説明したらいいでしょうか？」
「まず商標は、商品の『目印』でよいでしょう。商品の『名札』でもいいですね。名札とすると、文字だけをイメージされるかもしれませんが、商標法を説明しているのではないのだから、それでもかまいません。図形や色彩などについてどうしても付け加えたいのなら、『絵が入っていたり、色がついていたりするものもあるし、商品ではなくサービスに使われる場合もあります』と付け加えればよいでしょう。『商品又は役務』とか『同一又は類似』という言葉は初めての人にとってはとても分かりづらいです。『又は』と言われても何と何を比べているのかすぐには分かりません。無理に商標法の条文通りに説明しないで、ざっくり分かってもらえばいい、と思い切って省略する勇気をもってください」
「はい。よくわかりました」
「次は、『識別力』です。『識別』は物事の種類や性質などを見分ける

ことの意味として一般的ですが、これに『力』がつくとちょっと分かりづらくなります。『識別』と聞いた人は、識別するのは『あなた自身』と理解する人がほとんどです。では『識別力』はどうかというと、『あなたが自身』が持つ『見分ける力』と考えるのが普通だと思います。ここに実態との違いが出ているわけです。小石原さん、私たちが何気なく使っている『識別力』の持ち主は誰ですか？」

「『商標』です。確かに見る人の意識とずれているかもしれません」

「そうです。『識別』という名詞に『力』という接尾辞がついただけで主体が入れ替わってしまうのは文法的に少し変です。商標の『識別力』というより、『識別させる力』のほうが分かりやすいですし実態と合っています。『識別させる力』の言い方が固すぎるというなら、『目立つ度合い』とすればその主体が『商標』であることが一目瞭然です。これは余談ですが、商標の『顕著性』という言い方をしますが、『顕著性』は『目立つ度合い』を意味しますので、これは商標の本質を示しているものと思います」

「なるほど」

「識別力の話に戻りますと、これを『識別させる力』とか『目印として目立つ度合い』と言い換えれば、もしくは言い換える代わりに『専門家は識別力という言い方をしますが目印として識別させる力が低い、つまり目立たないから目印として役にたたない』という言い方もありますね」

「分かりました」

「『記述的部分』についてお話しましょう。商標法3条1項3号は、その商品の産地、販売地、品質、・・・や、その役務の提供の場所、用途、態様、・・・等を記述しただけの商標は登録を受けられないと規定している。これをお経のように全部を延々と読み上げても相手に通じません。なんせ長い条文ですからね。『記述的部分』とか『記述的商標』とサラッと言ってしまいたくなる気持ちはよくわかります」

> 第３条（商標登録の要件）
> １　自己の業務に係る商品又は役務について使用をする商標については、次に掲げる商標を除き、商標登録を受けることができる。
> （１）－省略－
> （２）－省略－
> （３）その商品の産地、販売地、品質、原材料、効能、用途、形状（包装の形状を含む。第26条第１項第２号及び第３号において同じ。）、生産若しくは使用の方法若しくは時期その他の特徴、数量若しくは価格又はその役務の提供の場所、質、提供の用に供する物、効能、用途、態様、提供の方法若しくは時期その他の特徴、数量若しくは価格を普通に用いられる方法で表示する標章のみからなる商標
> 　　－省略－
> ２　－省略－

「私は、『地名、中身、形容詞』と言い換えています。『記述的部分』に比べれば聞く人に身近に感じてもらえるからです」

「『地名』は原産地、『中身』は原材料のことですね。『形容詞』は色彩、程度、形状などをいうことは分かります。しかし、指定商品や指定役務との関係からして全部の形容詞が識別させる力に欠けるわけではありませんよね」

「確かにそのとおりです。いつもの繰り返しですが、本質をざっくりと分かってもらうためには、説明しないと座り心地が悪いという気持ちを抑える必要があります。細かいところは目をつぶるのです。その踏ん切りがかみ砕いた伝え方につながります」

「はい」

「専門用語をまったく使わないようにするわけにはいきませんが、聞く人の目線に立ち理解してもらうためには使いすぎないようにすることのほうが大切です。ざっくりと分かってもらってから、レベルアップするときに細かなことを説明しても遅くはありません」

「はい。よくわかりました」

「ついでにお話しておきますが、『物言わぬセールスマン』という言い方も商標の本質をついています。さきほど説明した『プレミアム X』だとあまりピンときませんが、たとえば、靴下について『通勤快足』[1]や、トイレ消臭剤の『トイレその後に』[2]などの例を挙げて、商標が商品の説明をしているし、それが表示されているだけで販売促進にも役立っていることを話してあげるといいでしょうね」

「わかりました」

知財村住人の返上

「知財関係者はよく『知財ムラの住人』などと揶揄されます。専門領域に入り込んで外に出ようとしない、という意味です。残念なことですがある意味で当たっていることも確かです。しかし、我々の努力により、ぜひともこのようなイメージは返上したいものです」

「気を付けます」

「私たち知財関係者は、もっとかみ砕いた表現を使いこなすようにならなくてはなりません。比喩や言い換えを上手に使えば『知財ムラ』などという言葉は死語になるはずです。一緒にがんばりましょう」

「はい。阿井田先生、本日はありがとうございました」

---

1 商標登録第2093963号他
2 商標登録第4354484号他

「比喩を使って説明すればいいんだ」

■メラビアンの法則の誤解

　メラビアンの法則をご存知ですか？米国心理学者メラビアン博士が提唱した「視覚情報の影響力が55％、聴覚情報の影響力が38％あるのに対して言語情報の影響力は７％しかない」というコミュニケーションの法則です。これ根拠に、見た目が９割だという人がいますが、これは誤解です。メラビアン博士自身が「話し手が好意や反感について語っていないときは、これらの等式はあてはまらない」ときっぱり否定しています。だからこの法則は、知財専門家のセミナーなどには当てはまりません。コミュニケーショのためには、見た目も大切ですが、かみ砕いた伝え方が何よりも重要だと思います。
http://www.kaaj.com/psych/smorder.html

第8章　誰もがわかる日付を使おう

その日、覚えてる？

- 「阿井田先生、奥様との結婚記念日を覚えていますか？」
- 「何を藪から棒に言い出すのですか、小石原さん。ちょっと痛いところをつかれましたね。えーと、3月2日だったと思います」
- 「怪しいですね。奥様に怒られませんか？」
- 「いやいや、気を付けなければいけませんね。ところで小石原さんの結婚記念日は何月何日ですか？」
- 「5月4日です」
- 「おやっ、若いし結婚してから年月が経っていないせいもあるでしょうが、間髪いれずの即答ですね。どうして即答できるのですか？」
- 「5月4日にしておけば、5月3日の憲法記念日と5月5日の子供の日の間で覚えやすいからです。5月4日に有給休暇をとれば、結婚記念日を挟んで3連休になるというのが本音だったのですが、2007年から『みどりの日』として国民祝日の日になりました」
- 「有給休暇をとる必要がなくなりましたね。5月4日『みどりの日』なら覚えやすい。グッドアイデアです」
- 「大事な日を、いつも忘れないようにするには、語呂がいい日か、誰もが知っている日を選ぶのがいいと思います」
- 「同感です。運転免許証の更新だって、自分の誕生日に絡んでいるから忘れないで済むわけです。違う見方をすれば、語呂がいいわけではないし、何もつながりのない日付は覚えづらい、印象に残りにくい、ということです」

「そうですね」

「違った見方をすると、語呂のよい日付や、誰もがこの日とわかる日を使えば、相手にとって理解しやすいし、覚えやすいといえます。ついでに言えば、どっちが先でどっちが後という時系列的な流れも一目瞭然にイメージできます」

「なるほど」

「特許法や商標法などの知的財産法では、いつまでになにをするとどうなる、という手続の流れが重要ですから、その説明をすることが多いはずです。そのとき、語呂のよい日、誰もがわかる日を使えば聞く人に親切。つまり、伝わりやすくなります」

「納得です」

第79条（先使用による通常実施権）
　特許出願に係る発明の内容を知らないで自らその発明をし、又は特許出願に係る発明の内容を知らないでその発明をした者から知得して、特許出願の際現に日本国内においてその発明の実施である事業をしている者又はその事業の準備をしている者は、その実施又は準備をしている発明及び事業の目的の範囲内において、その特許出願に係る特許権について通常実施権を有する。

「特許法79条を例にとってみましょう」

「先使用権ですね」

「はい。発明の知得ルートなどは省略します。発明の実施の準備を開始した後の流れを示しています」

阿井田は、タブレットに図を映した。

「B社の特許出願前に発明Xの事業準備を開始したA社は、B社が特許を取得した後、B社の特許権について通常実施権を有することに

なって事業を継続することができる、という流れです」
「はい」
「この図だと、受講者は、まずB社の『特許出願』を確認してから視線を左上に移動して『X発明完成』を確認し、次にその右の『事業準備開始』に視線を流さなければなりません」
「見つけづらいですね」
「そしてB社の特許取得を探し、それを見つけてから視線を上に動かしA社の『継続可能』を確認します。つまり、受講者は視線をあっちこっちに移動させなければなりません。説明者の説明を聞いても気が散ってしまい理解するのが大変です」
「本当だ、大変ですね」

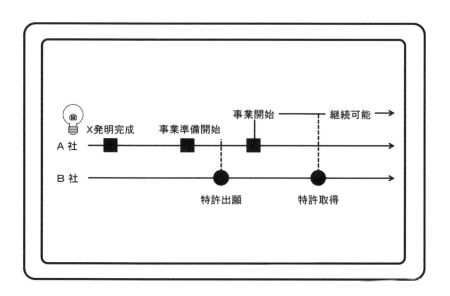

阿井田は、タブレットのページをめくった。

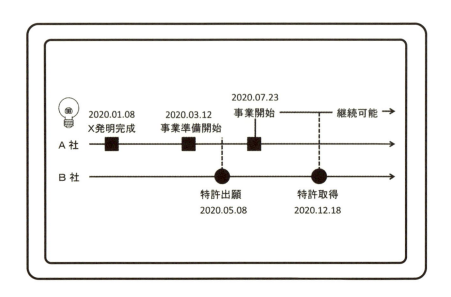

🗣「先ほどと同じ図ですが、日付を入れてあります。Ｘ発明の完成が2020年１月８日で、Ａ社が事業準備を開始したのは同じ年の３月12日。Ｂ社の特許出願は同年の５月８日で特許取得が同じく12月18日です。この場合、Ａ社は2020年12月18日以降も実施ができますよ、と説明できます。具体的な日付が入っていますので、たとえば、Ａ社の事業準備の開始がＢ社の特許出願よりも前であることが聞いただけで分かるようになります。日付は架空でよいです。日付を入れることで、時の流れが分かりやすくなりました。どうでしょう？」

🗣「分かりやすくなったと思います」

🗣「では、これはどうでしょう？日付をちょっと工夫してあります。日付の下に、その日が何の日なのかも付け加えました」

　阿井田は、次のページを映した。

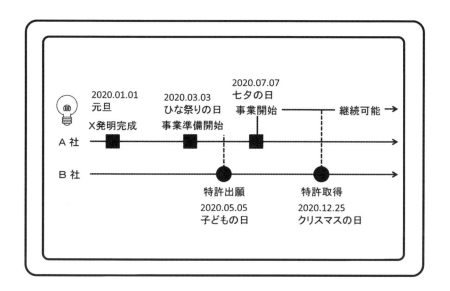

「このようにすれば、2020年1月1日という代わりに『元旦』と言えば、受講者には例外なくその日付が頭に入ります。同じようにして2020年3月3日という代わりに同年の『ひな祭りの日』と言うことができます。つまり、

——A社が事業準備を開始したのは『ひな祭りの日』でB社は『子どもの日』に特許出願しました。B社は同年のクリスマスの日に特許を取得しましたが、A社はそれ以後もX発明の実施事業を継続することができます。どうして継続できるかというと、A社はB社の特許権について通常実施権を持つことになるからです——

などと説明できますね。『ひな祭りの日』と『子供の日』なら、数字を読まなくても、両者の前後関係を受講者に理解してもらえるでしょう」

「さらに分かりやすくなりました」

「先使用権が認められない場合も説明するなら、たとえば、

——『子供の日』の代わりに2月2日の『夫婦の日』にB社が特許

出願していたとすると、Ａ社の事業準備は『ひな祭りの日』だからＢ社に先を越されたことになります。この場合は、Ｂ社の特許権が発生した『クリスマスの日』からＡ社はＸ発明の実施を中止しなければなりません。無断で実施を続けるとＡ社はＢ社の特許を侵害することになります───
などと説明してもよいでしょう」
🙂「よくわかりました」

阿井田は、もう１回ページをめくった。

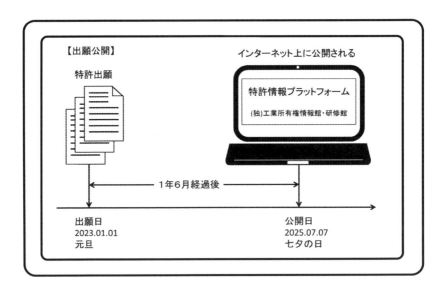

🙂「これは、さっきお見せした特許出願公開の図と同じ図です。日付の下にその日が何の日なのかを入れてあります」
🙂「分かりやすいです」
🙂「ご理解のとおりです。出願公開ですと１年６月以上となり１年をまたぎます。『出願から１年６月経過後ですから、たとえば『翌年の七

夕の日（ごろ）』に公開されます』という言い方もありますが、年をまたぐことを意識して説明するとよいでしょう。たとえば、

——特許出願は、1年6月後に特許庁の特許情報プラットフォーム上にアップロードされます。つまり、2020年[1]の『元旦』に出願されたとすると、『翌年の元旦』でまる1年、さらに6か月を過ぎた頃なので『七夕の日』あたりに公開されます——

という言い方ができます」

「なるほど。では、審査請求期限は、『元旦に出願した特許出願の審査請求の期限は、3年後の元旦です』と言えばよいのですね」

「はい、そのとおりです。『2020年1月1日に出願した特許出願の審査請求期限は2023年の1月1日です』と言われるより、聞き手にやさしいでしょう」

「はい。国内優先権や特許権の存続期間満了日なども同じ要領で説明できますね」

1　具体的な年を示さないで「ある年」と言ってもいい

「そうです。『元旦に出願した特許出願をクリスマスの日に分割したら、この分割出願の出願日は元旦になります』なんて言い方もできます」

「わかりました。ところで、誰もがこの日と分かる日は、どういう日をいうのでしょうか？元旦、ひな祭りの日、子供の日、七夕の日、クリスマスの日、それから大晦日ぐらいは分かりますが、これだけでは、期間や時期を表すには足りません」

「今、小石原さんが挙げた日以外にも国民祝日の日がありますが、これらのすべてが誰もが分かる日とは限りません。たとえば、『成人の日』ですが、以前は『１月15日』と決まっていましたが、今は、ハッピーマンデーという制度により１月の第２月曜日になっていて一定ではありません。同じく『体育の日』は10月10日で一定でしたが、今は、10月第２月曜日です。かといって一定ならよいかというと、そうでもありません。小石原さん、『11月３日』は、何の日ですか？」

「えーっ、何でしたっけ？『勤労感謝の日』ですか？」

「『勤労感謝の日』は、11月23日です。11月３日は『文化の日』です」

「そっかー」

「11月３日が何の日だか即答できないのは、小石原さんだけではないと思います。このようなことをいうと怒られるかもしれませんが、『文化の日』のようにちょっと地味な日は、説明のときに使わないほうがよいかもしれません」

「はい、納得です」

「これは、誰でもその日と分かる日を私なりに整理したものです。４月４日の『歯周病予防デー』はともかく、『虫歯予防デー』などは結構メジャーだと思います。11月22日『いい夫婦の日』は語呂もいいし、かなり知られています。６月６日『楽器の日』や９月９日『救急の日』などは、ほとんど知られていませんが語呂合わせを優先したものです。『皆さん、楽器の日をご存知ですか、これは習い事・・・』のようにちょっと説明を加えて使うのもよいでしょう。雑談を含ませることで受講者

との心理的距離を縮めることに役立ちます」

日　付	内　容	備　考
1月 1日	元旦	
2月 2日	夫婦の日	
3月 3日	ひな祭り、耳の日	
4月 4日	歯周病予防デー	歯科衛生士が立ちあげた
5月 5日	こどもの日	
6月 4日	虫歯予防デー	現在は6月4日〜10日が「歯と口の健康週間」となっている
6月 6日	楽器の日	「習い事・芸事は6歳の6月6日から始めると上達する」という言い伝え
7月 7日	七夕の日	
8月 8日	親孝行の日	「ハチハチ」を並びかえると「ハハ（母）、チチ（父）」となることから親孝行全国推進運動協会が制定。
9月 9日	救急の日	1982年に厚生省（現在の厚生労働省）と消防庁が制定。
10月10日	totoの日	サッカーくじ。旧体育の日のほうが分かりやすい
11月22日	いい夫婦の日	余暇開発センター（現：日本生産性本部・余暇創研）が1988年に制定
12月25日	クリスマスの日	12月24日のクリスマス・イブも使える
12月31日	大晦日	

小石原は、阿井田が示した一覧表をまじまじと見た。

「なかなか奥が深いですね」

「予め調べておいた必殺の『〇×月□△日』を使う手もあります」

「何ですか、それ？」

「社長の誕生日です。ゴマをすっておくと、ボーナスが上がるかもしれませんよ（笑）」

「社長では遠すぎるし、ボーナスの査定日が近いから、知財部長の誕生日にしようかしら（笑）」

「このように、どっちが先でどっちが後という時系列的な流れを説明するときは、第1に『具体的日付』を使うこと、それもできれば『誰もがこの日と分かる日』を用いるのがよいですね」
「ありがとうございました」

「誰でもこの日と分かる日を使って説明すればいいんだ」

第9章 ストーリーを通して学んでもらう

守秘義務を説明せよ！

「小石原君。ちょっといいかな？」

毎朝行っている朝礼の後、小石原は財知部長に呼ばれた。

「はい、財知部長。何かご用でしょうか？」
「実はね、昨日の部長会議で、わが社では自前ばかりにこだわらず外部の技術やアイデアを取り込むオープン・イノベーションを推進していく、という方針が示された」
「ということは、もっと開発をスピードアップせよ、ということですね」
「まっそういうことだ。となれば、わが社の社員が他社と技術的な相談をする機会が、これまで以上に増えるということになるだろう」
「なるほど。わが社の秘密情報を提供したり、逆に、他社から機密情報を開示されたりする機会が多くなる、ということですね」
「その通りだ。そうすると、提供した秘密が第三者に漏れたり、預かった機密がわが社から流出したりする可能性も高くなる。だが、これは、しっかりと防止しなければならない。コンプライアンスの問題も絡んでくるしな」
「はい」
「秘密を守れるかどうかは、社員の行動に負うところが大きい。そこでだ。わが知財部としては、守秘義務について社員の意識のてこ入れを図りたい」

- 「守秘義務契約といえば、確か１年半ほど前に、外部の専門家にレクチャーしてもらいましたね」
- 「もう１年半になるかな。しかし、小石原くんも覚えているだろうが、あのレクチャーは確か『不正競争防止法上の営業秘密云々など言い回しが専門的すぎてチョット難しすぎる』と言われ、評判があまりよくなかったな」
- 「はい、よく覚えています。法律知識だけのことならネットを検索すれば分かりますし、アンケートには何を今さらという声もありました」
- 「もう察してくれただろうが、守秘義務について社内研修を君にやってもらいたい。ただ、前回のように法律の一方的解説だけでは社員はついてきてくれない。工夫が必要だ。一つ頼むよ」
- 「（えっ）私がやるんですかぁ？？？？」
- 「そうだ、君に頼みたい」
- 「お言葉ですが、財知部長。経験のない今の私には、どうやってよいのか見当がつきません」
- 「それは承知の上だ。阿井田隆先生と相談しながら、やってくれたまえ」
- 「承知しました。ご指示の通り準備します」

　財知部長の元を離れた小石原は、すぐに知財コンサルタントの阿井田隆に面談を求めるメールを入れた。午後になって返信されたメールには阿井田の空いている三つの候補日時が記されている。そのうちの一つ、翌週水曜日の午後２時、小石原は阿井田の事務所を訪れた。

ストーリーを通して学んでもらう

- 「本日は、どういった内容のご相談ですか？」
- 「社内で守秘義務契約のセミナーを行うことになりました。私が担当です」

小石原は、社内の方針と2年前の専門家によるレクチャーの問題点などをかいつまんで説明し、アドバイスを求めた。

🧑‍🦱「よく分かりました。小石原さん。今回のセミナーの目的はなんでしょうかね？」
👩「オープン・イノベーションを促進するためには、なおさら守秘義務を守ることが大事だ、ということを理解してもらうことだと思います」
🧑‍🦱「表向きはそのとおりですが、セミナーの本当の目的は、実際に秘密漏洩が起きては困るから、起きないようにするため具体的に行動してもらうことなのです」
👩「なるほど、その通りですね。行動してもらうためには、何が必要ですか？」
🧑‍🦱「まず一番大事なのは、腑に落ちやすいセミナーにすることです。その方法の一つは、ストーリーを通して楽しく学んでもらうことです」
👩「ストーリーですか？？？？？？」
🧑‍🦱「受講者に自分事として考えてもらうため、架空のストーリーでいいからそれを創って提示するのです。ストーリーについては、一つは御社で実際に起きたストーリーを使うことです。もし、手ごろなものがなければ、私に提案があります」

守秘義務契約のストーリー

　このストーリーは、社内恋愛中の男女間で行われた「このことはヒミツにしましょう」という契り、すなわち守秘義務契約についてである。この、守秘義務契約を興味をもってざっくりと理解してもらうため創作したものであって私の実体験に基づくものでは断固としてない。誤解のないようにお願いしたい（笑）。

T本社内のあるプロジェクトで一緒に仕事をして意気投合したことから社内恋愛に発展した二人。具藤静香（ぐどうしづか）と技村拓哉（ぎむらたくや）の二人は休日のデートを楽しんでいる。ちなみにT本社は、サラリーマンの聖地、東京のJR新橋駅から汐留方面へ歩いて6分の所にある。

「静香。僕たちの関係は二人だけの秘密にしておこうね。変なウワサをたてられても困るからな」

「ええ、分かったわ、拓哉。私もそのほうが、いろいろと都合いいわ。そう決めたなら、バレないように社内では目を合わせないように注意しなくっちゃね。ケンカしても、社内ではいつも通りに接しあいましょうね」

「毎日使っている新橋駅はサラリーマンの聖地だけど、どこに同僚の目があるか分からないから二人にとって敵地と考えたほうがいい。仕事後のデートは他の場所にしよう。通勤で使う山手線や京浜東北線に二人で乗るのもやめよう」

「そうね、食事は新橋から乗れる地下鉄銀座線のマイナーな駅の近くにしましょう。浅草の一つ手前の『田原町』なんかどう？」

「よし、これで決まりだ。二人の間での基本合意の成立だ！」

「なんだかその言い方、チョー固すぎない？」

「いやいや知財部在籍の僕としては、当事者間の合意というものがなければ何も始まらないし、その合意を書面にしないと気持ちが悪くて夜も眠れないんだ」

「えーっ、なにそれ？！かなり変！」

「まぁ話を聞いてくれ。静香と僕は、二人の関係を秘密にしておこうという双方向の意思が合致した、つまり、守秘義務契約が成立したんだ」

「とりあえず聞いておくわ」

「仕事でもよくある話だが、合意内容を書面にしようというと『私を信用しないのか』という顔をする人がいるけど、それはまったくの誤解だ」

「気持ちは分かるわ」

「お互いの信用をこれからも続けていくという意思を確認するための書面なんだ。だからこれから二人の関係が続いて行くように、僕たちも関係を秘密にしようという合意内容を書面にしておこう、というわけだ」

「・・・なんだか、ちっともロマンチックじゃないけど、拓哉がそこまで言うなら分かったわ。でっ、どうすればいいの？」

「まず、『二人の関係』といったって、あいまいでよくわからないから、この点をハッキリさせよう」

「あら、あいまいって、どういうこと？」

「どういうことかというと、二人の関係の『何が秘密で』、『どのように秘密を守る』のかを明確に決めておこう、ということだ」

「明確にね・・・。あいまいだからロマンチックのようにも思うけど」

「つまりだ、二人は会社の同僚だという関係にある」

「ええ、そうよ。マチガイないわ」

🧑「これも関係といえば関係のうちだ。こういうように二人の関係というだけでは、その範囲が分かりづらい。これを放っておくと後でトラブルになってしまうことも考えられるわけだ」

👩「ふーん・・・」

🧑「僕たちのいう『二人の関係』とは、二人がつき合っているという事実のことだよね。そして『二人の関係』だけなのか、『秘密にする約束』をしている事実も含まれているかを決める必要がある」

👩「『二人の関係』は何となく分かるけど、『秘密にする約束』を秘密にするってどういうこと？」

🧑「静香が誰かに『誰とも言えないけど今つき合っている人が社内にいて、二人で話し合ってこのことを秘密にしようってことにしてあるの』ということも誰にも言っちゃいけない、ということだ」

👩「わかったわ」

🧑「こうやって、何を秘密にしておくかをお互いのルールにしておいてそれを二人が守るから、二人が安心してつき合えるし、関係も深くなっていく。ルール違反があると、周りに知られて何かとやりづらくなるし、二人の間にもスキマができてしまうからね」

👩「そうね。何を秘密にしなければいけないかがハッキリしていればルールも守りやすいわよね。ところで、この関係は両親にも話せないの？」

🧑「それって大事なことだ。コカ・コーラのレシピみたいに二人以外には絶対に秘密にするやり方もあるけど、お互いに同意があったら、家族とか親友だけは例外としとOKというやり方もある。例外を作るときは、その範囲をしっかり決め、同意があったことをいつでも確認できるように書面で残すようにしよう」

👩「ほかには？」

🧑「二人の関係がわかる写真、メール、手紙なんかも、どうやって扱ったらいいのかを決めておくのも大事だ。

👩「写真なんかはどうするの？」

👨「写真だけど、スマホにデータを残すとしても「非表示」に設定するとか、トークが流出しないように、LINEアプリ側で別の端末からのログインを拒否設定するとかね」

👩「なるほどね。でも、いろいろと決めておいて守ったとしても、バレることを防げない場合もあると思うの」

👨「たとえば？」

👩「たとえば、・・・・気を付けていたって二人でいるところを他人に見られたり、誰かに依頼された探偵に捜索されたりしたら防ぎようがないわ。それに、何らかの理由でお役所や裁判所に対し二人の関係を示すものを提出しなければならないかもしれないし・・・。そんなときは約束を破ったことになるの？」

👨「いま静香が言ったことは、絶対にないとはいえない。僕たちに落ち度はないけど、そういった予想できることは、最初から『約束違反』にはならないこと、として決めておけば、お互いの信頼を裏切った事にはならないね」

👩「もう一つ質問があるわ。拓哉との関係が終ったときはどうしたらいいの？」

👨「おいおい、嫌なこと言うなよ」

👩「私も考えたくないけど、関係がうまくいっているときだからこそ、決められることよね。そうすれば、もしものことがあっても、お互いの将来の障害になることもないし前向きでいられると思うの」

👨「『男性の方が失恋を引きずる傾向がある』なんて言われるけど、当たっているのかもしれないな。とはいえ、静香の言うことは正しい。たとえば、こんなのどうだろう？」

・手紙は燃やす又は相手に返却
・LINE、メール、画像等電子媒体のものは消去
・思い出は大事に取っておいてもOK？

（残留情報を自由に使用できるとする規定が入っている NDA も有）
例えば、個人が特定できなければ、小説に書いたりするのは OK、等

🧑‍🦰「ところで、二人の関係が深まるにしろ終るにしろ、私たちの関係っていつまでも秘密にはできないわよね。たとえば、関係が深まって結婚することになれば、秘密でおけるわけないし。守秘義務契約っていつまでのものなの？」

👨「それもそうだな。秘密保持義務の期間として、たとえば、
・契約の期間＝関係の期間
・関係が終われば秘密保持義務も終わってよいのか？
・秘密は墓場まで？とか、双方がバラされても問題ない状況になればOK？などなどがあるね」

🧑‍🦰「そうね」

👨「ムムム、こんな話をしていたら、知財部で議論した内容を思い出した。どんな場合でも流出した秘密情報は元に戻らない。人の口にはチャックできないからね。僕たちは秘密情報の流出に救済はない、という事実を改めて心に刻んでおこう。愛してるよ、静香」

🧑‍🦰「まあ、拓哉ったら」

― 完 ―

👨「どうでしたか、小石原さん？」

🧑‍🦰「すっごくロマンチックだったわ、と言いたいところですが、それは別として、とても参考になりました。ストーリーがあると、聞いている人が自分事として考えるようになることが理解できました」

👨「恋愛ものでなければいけないわけではありませんが、ぶつ切り解説ばかりではなく、ストーリーのある解説・説明を試してください。きっとよい結果につながります」

「はい、近いうちにストーリー解説をトライします。ありがとうございました」

「ストーリーを使って説明すればいいんだ」

> コラム
>
> ■知財経営とは実行すること
> 　ファーストリテイリング代表の柳井正氏は、「経営とは何か。経営理論を学ぶことではなく『実行することです』」と語っています。知財経営も同じで、これが何かと問われたら実行することだと思います。でもこれは知財の専門家だけで実行できることは少なく、事業部門と開発部門と一体でなければできません。いわゆる企業の『三位一体』です。ただ、2003年あたりから言われ始めたものの、様々な理由により実行できている企業は少ないといわれています。その処方箋は何か？外から見てよくわからない知財の壁を壊し敷居を低くして周りの人が中に入りやすくすること、つまり『伝え方改革』だと私は思います。

第10章　リスクはこうやって伝えよう

「やってみなはれ」と言わせるプレゼン

　T社知的財産部では毎週月曜日に早朝ミーティングが行われる。本日の議題は、10時から知的財産部長の財知がプレゼンする役員会議についてだ。

- 「みなさんお早うございます。知ってのとおり今日は定例の役員会議の日です。知的財産部が半年かけて調査・議論してまとめた『オープン・クローズ戦略』のプレゼンを行う予定です。みなさんの精力的な活動が認められ、わが社の運営に影響を与えることを願っています」
- 「財知部長、がんばってください」
- 「うん。では、いってきます」
- 「いってらっしゃい」

　知財部を出た財知は、エレベータでT本社最上階に昇った。落ち着いたベージュ色のじゅうたんの上を歩いて役員会議室に向かい、重厚なドアをノックした。中に招かれた財知は、入口近くの椅子に座って出番を待っている。

- 「では、財知くん」
- 「はい」

　進行役の坐会雅人（ざかいまさと）知財担当執行役員から指名を受けた

財知は、会議室入り口横のスクリーン前に立った。財知の前には視線方向に長い大テーブルがあり、奥正面に社長が座り、左右に十数名の役員が並んでいる。

🧑「先に伝えてあるように今日の役員会のテーマは、君が提案してきた『オープン・クローズ戦略』についてだ。そこで君には、その戦略の概要をそのリスクとともに説明してほしい」
🧑「承知いたしました」

深い一礼の後、財知は、改めて社長に目で挨拶したあと、秒針のようにゆっくりと役員それぞれの顔を見ながら話し始めた。これまで知財部員が調査検討してきた戦略に日を当てるためのひのき舞台だ。いくつもの重要な会議をこなしてきた財知だが、多少の緊張があるのか、今日はいつもより少し早口のようだ。

🧑「知財部長の財知でございます。知的財産部が提案するオープン・クローズ戦略について、知財リスクの観点を含めてご説明します」

財知は、1枚のスライドをスクリーンに映した。社長と役員の視線が集まった。

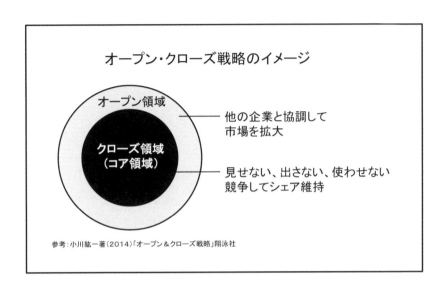

「オープン・クローズ戦略では、わが社の技術を他社に『見せる』か『使わせる』ことで他社と協調して市場拡大を図るオープン領域と、『見せない』か『使わせない』ことで他社と競争してシェアを維持するクローズ領域とに分けて考えます。お示しした図の黒い部分がクローズ領域、その周りのグレーの部分をオープン領域とお考え下さい。オープン領域では関連情報を公開することで『みんなで一緒に』と言って他の企業を誘い市場拡大を図る一方、拡大する市場の中で『わが社でしかできない』コア技術をクローズ領域としてシェアを守る、という戦略[1]です。これまでは、開発技術をできるだけ特許化するにとどまることが多かったのですが、今後は、勇気をもってオープン・クロー

1　新井信昭分担著（2018）「稼げる特許商標意匠」（週刊エコノミスト2018 12/4）毎日新聞出版

ズ戦略に転換してまいりたいと存じます」

何人かの役員がうなずいた。

「オープン領域では、技術そのものを公開する方法や、取得した特許権をライセンスする方法を採用します。最初の方法は『技術』の公開ですので、文字通りオープンです。特許権を取得するということは、その特許権を活用して他社の自由利用を制限することを原則とし、ライセンス契約した企業だけに利用を認める方法です。つまり『使わせる』という意味で技術の『オープン』化に該当します。えー、分野の違いや市場の動きなどによりますが、オープン領域において標準化を目指すことも一案です」

メモを取る役員もいる。

「クローズ領域では、技術内容を秘匿して外部に見せない方法と、取得した特許権を活用して他社に利用させない方法があります。厳重管理により技術が外部に漏れないようにしてクローズ状態を確保します。一方で特許権をとるために制度上避けられないのが出願公開です。出願公開を通してわが社の技術内容は世界中に丸見えになりますが、特許権を武器として活用し他企業の利用を認めないという意味で『クローズ』化に当たります」

財知の「クローズ」に引きずられ、二、三人の役員が「クローズ」と無言で口真似した。

「オープン・クローズ戦略の成功例として有名なのが、インテルのMPUです。パソコンに組み込まれるメイン部品のMPUの中身をク

ローズ領域としたインテルは、MPUの周辺部品の技術をオープン領域としました。周辺部品の代表は、ご存知のUSBです。USBは国際標準にもなっています。次いでMPUを基幹部品としたマザーボードの製造技術を開発したインテルは、これらを台湾企業などに供与しました。『作り方を教えるから安く作ってよ』と製造技術をオープンにして台湾企業などに安く作らせ市場拡大に成功しています。国際標準の活用も市場拡大に大きく貢献しました。話が前後しますが、MPUの中身は秘密に保たれ、先の台湾企業などとは秘密を担保するための契約によって縛られています。これらによって、MPUの中身はインテルだけのクローズ領域となるので、競争力を維持することができたのです」

　自分のパソコンの「Intel」のロゴを見つけ、これだとばかりに指さしている役員がいる。

「オープン・クローズ戦略を成功させるために重要なポイントは、どこをオープン領域とし、どこをクローズ領域とするかの見定めです。オープン領域の設定が適切ではないと、参入者が増えることで関連する商品やサービスが多様化し価格も下がるので市場は膨らみますが、その一方でわが社のシェアが伸びないという不都合が考えられます。また、クローズ領域の見極めを間違えると、わが社の秘匿技術と同じ技術について他社が特許を取得してしまう恐れがでてきます」

「財知くん。オープン・クローズ戦略の概要は分かった。そのオープン領域とクローズ領域の切り分けについて、何か明確な基準はあるのかね？」

「ご質問いただき、ありがとうございます。結論から申し上げて、一般論としては申し上げられますが、それも業種・業態、さらに事業規模その他の経済状態などによって違ってまいります。わが社に限った

話としても、残念ながら安心安全な基準は見当たりません。わが社と競合他社が保有する特許権の内容・件数、今後の開発予想、各事業部の扱い商品や売り上げ予想額、さらに競合他社の動向などを総合的に分析した結果、知財部としては、次のようにオープン領域とクローズ領域を設定することをご提案申し上げます」

財知は、リモートスイッチを操作して、スクリーンに一覧表を映した。

事業名	第1段階 材料・機材等	第2段階 工程1：製造等	第3段階 工程2：組立等	第4段階 マーケティング等
継続可能資源	オープン / クローズ	○○株式会社	株式会社○○ / クローズ	株式会社○○販売
太陽電池	クローズ	クローズ	オープン / クローズ	建材メーカーと共同開発
光半導体	クローズ	○○○ Co.Ltd.	○○○ Co.Ltd.	○○○ Co.Ltd.
炭素繊維	クローズ	クローズ	オープン / クローズ	自動車メーカーと共同開発
ヘルスケア	クローズ	介護システムをコンピュータ会社と共同研究		警備会社と共同で展開
植物工場	クローズ	クローズ	オープン	○○生協と展開

一覧表には、T社の事業別・工程別の、オープン領域・クローズ領域および異業種企業との協力関係などが示されている。

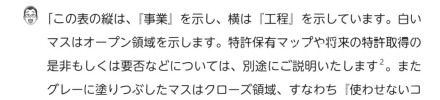「この表の縦は、『事業』を示し、横は『工程』を示しています。白いマスはオープン領域を示します。特許保有マップや将来の特許取得の是非もしくは要否などについては、別途にご説明いたします[2]。またグレーに塗りつぶしたマスはクローズ領域、すなわち『使わせないコ

2　本書では省略する。

ア領域』を示します。特許保有マップや将来の特許取得の要否などについては、オープン領域と同じく、別途にご説明いたします[3]」

「財知くん。今までの話を聞く限りでは、切り分けの基準が明確ではないというわけだね。『リスク』が高すぎるように思えるが、その点はどうかね」

「まさにご指摘の点は、各関係部門から得た資料や意見を踏まえ知財部内で最も議論した事柄です。しかし一方で、先にご説明したインテルの事例が示すように、オープン・クローズ戦略は、膨大な利益を得る可能性がある反面、確かに思うような結果が出ない可能性がゼロではない点で『投機的リスク』であると考えております。この点は、次の『知財リスク』の説明をする中で申し上げます」

知財リスクの見える化

　オープン・クローズ戦略について、社長や役員から「やってみなはれ」と言ってもらうためには、「知財リスク」についての知的財産部の解釈が受け入れられることが大前提になる。プレゼンの山場の一つに差し掛かった財知の顔は、わずかに紅潮し始めた。

「オープン・クローズ戦略の実行に伴う知財リスクには、特許権侵害、技術漏洩、権利化漏れリスク、権利無効リスク・・・・・などが主なものとして挙げられます。どれも詳細な検討が必要ですが、本日は、知的財産部が基礎とした一般的リスク論と特許権侵害に関する知財リスクの見える化について申し上げます」

　スライドの図が変わった。

3　本書では省略する。

> Risk; effect of uncertainty on objectives
> リスク；諸目的に対する不確かさの影響
>
> 備考1　影響とは、期待されていることから良い方向・悪い方向へ逸脱すること
> 備考2　諸目的とは、例えば、財務、安全衛生、環境、戦略、プロジェクト、製品、プロセスなど様々な到達目標、様々なレベルで規定される
> 備考3　不確かさとは、事象やその結果、その起こり易さに関する情報、理解、知識などが例え一部でも欠けている状態である。
> 備考4　リスクは事象（周辺環境の変化を含む）の結果とその発生の起こり易さとの組み合わせによって表現されることが多い
>
> ISO Guide73：2009より引用

一般的リスク論

「『リスク』というと一般的には『危険』と解釈されますが、知的財産部では国際標準に基づく用語[4]を採用しています。すなわち、リスクとは『危険』という意味ではなく『目的に対する不確かさの影響』というのが知的財産部の解釈です。

この用語の定義には、四つの備考が設けられていて、そのうちの備考1によれば、影響とは、期待されていることから、良い方向・悪い方向に逸脱すること」となっています。良い方向とは、事業利益を上げることで、悪い方向とは事業損失を意味します」

2種類のリスクが、スクリーンに映し出された。

---

[4] ISO31000：2009が準拠するリスクマネジメント用語の定義に関する規格
ISO Guide73：2009、JIS0073：2010

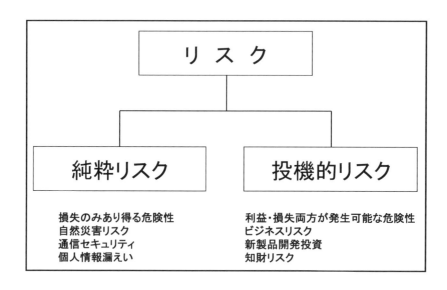

- 「そのうえで、そもそもリスクには、自然災害のように損失のみを発生する『純粋リスク』と研究開発への投資のような『投機的リスク』があるところ、知財リスクは損失発生も利益発生もあり得る投機的リスクに該当する、と考えられており、わが知財部もこの考え方を採用しております」
- 「財知くん。続けてくれたまえ」
- 「はい。投機的リスクであるということを前提にしてこの度、知財リスク、特に損失をもたらす可能性をできる限り見える化しました」
- 「・・・・・」
- 「損失については、国際標準の用語定義が改正前のもの[5]に準じて『発生確率と結果の組み合わせ』と考えました。改正後の備考4には『・・・表現されることが多い』が加わりましたが、これを除けば改正前と変わりません。つまり、損害は『頻度』と『程度』の掛け算であるとと

---

5 ISO Guide73:2002
https://www.jstage.jst.go.jp/article/safety/48/6/48_336/pdf/-char/ja

らえています」
「・・・・・」
「自動車事故は頻繁に起こりますが１事故当たりの犠牲者は一人とか二人ですが、飛行機事故が起きると１事故で多いときは数百人が亡くなってしまいます。しかし、免許を持っている人が自動車事故にあう確率は０．８％程度というデータがあります。同じ方法による計算ではありませんが飛行機事故については、たとえば『10万飛行時間あたりの死亡事故件数＝0.07件』という数値が出されています。つまり、飛行機事故は、一度にたくさんの人が亡くなりますがめったに起こらない、ということです。どちらが安全な乗り物なのかというと、頻度と程度の掛け算をしてみると、飛行機のほうが安全だ、という結論になります。これと同じ考え方で知財リスクをみていこう、というのが今回のご提案です」
「知財リスクについて、賠償額の大小である『損害の程度』の話はよく聞くが、『頻度』を絡めた話は初めてだ。続けてくれ」
「承知しました」

　一礼した財知は、役員の顔をゆっくりと見まわしてから続けた。

「そこで知的財産部は、知財リスクの『損害』を特許訴訟における『損害賠償』としてとらえ、その頻度と程度を検証しました。どのくらい頻繁に損害賠償が命じられ、損害賠償額はいかほどなのか、ということの検証です」
「ほー、知財の争訟は表に出ないで水面下で処理されるものが少なくないはずだが、どうやって検証したのかね？」
「はい。確かにおっしゃる通り、訴訟にまで発展する争訟は氷山の一角にすぎません。その点では、検証に限界があることは事実と存じます」

😀「そうだろうね」

😀「はい。しかし、細かな説明は省略しますが、一部ではあっても統計学的にみて、ある程度の信ぴょう性をもった結果であると考えます。公表された限りの資料を基にした統計ですので、ここにも限界があることは確かですが、限界を知って正しく対応するなら、考慮に値する指標であると思います」

😀「分かった。詳細を聞かせてくれ」

😀「こちらの資料をご覧ください。これは、特許庁が公表した資料で、日本国内で特許、実用新案、意匠、商標に関する訴訟件数を表しています。日本の訴訟件数は、例年200件弱で、訴訟大国といわれる米国の4000件、中国の8000件に比べて極端に少ないことが示されています」

スクリーンに、日米中の訴訟件数を示す棒グラフが映し出された。

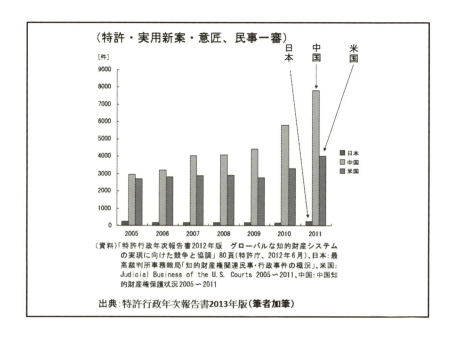

(資料)「特許行政年次報告書2012年版 グローバルな知的財産システムの実現に向けた競争と協調」80頁(特許庁、2012年6月)、日本:最高裁判所事務総局「知的財産権関連民事・行政事件の概況」、米国:Judicial Business of the U.S. Courts 2005〜2011、中国:中国知的財産権保護状況 2005〜2011

出典:特許行政年次報告書2013年版(筆者加筆)

- 「なるほど」
- 「ここまでが訴訟件数ですが、では、日本国内に特許権が何件あるかというと、切りの良い数字で申し上げると、200万件です」
- 「そんなにあるのか。全部がわが社に関連する特許というわけではなかろう」
- 「違いますが、参考にはなります。訴訟件数と特許件数を比較すると、訴訟が提起される割合は、10,000件に1件です。0.01％です」
- 「小さく感じるが、理由は？」
- 「最大の要因は特許権者が訴えて勝訴できる確率が2割に満たないことだと言われています」
- 「2割以下だとは驚いた」
- 「このように訴訟提起される確率は非常に低いし、仮に提起されたとして敗訴する確率は2割以下である、ということを統計データ[6]が示しています」
- 「なるほど」
- 「さらに、裁判には、『印紙代という名の障壁』があります。たとえば、1億円の損害賠償を求めるには30万円ほどで足りますが、100億円となると1600万円以上の印紙を裁判所に収めなければなりません。これは地裁段階の印紙代ですが、知的財産高等裁判所に控訴すると印紙代は5割アップになります。差止請求をするときの印紙代は、これとは別物です[7]」
- 「驚いたな」
- 「ただ、私たち知的財産部は、確率が低いから訴訟は無視してよい、と考えているのではありません。外国での事情は、これと異なることは確かですし、できる限りの調査は行わなくてはならないことは言う

---

6 データから読み取った自分の意見ではなく、データが私たちに教えてくれた示唆である、とするほうが客観性を感じるため聞き手の納得を得やすい。
7 新井信昭（2018）「iPod 特許侵害訴訟」（日本経済新聞出版社）P.183以下参照

までもありません。もちろん、コンプライアンスの問題も忘れてはおりません」
🧑「ここまでは、わかった」
😀「次は、程度の説明です。私どもの調査の結果、裁判における損害額は、ほぼ全部が特許法102条の損害額推定規定に基づいて決められているというデータ[8]が得られました」

第102条（損害の額の推定等）
1　特許権者又は専用実施権者が故意又は過失により自己の特許権又は専用実施権を侵害した者に対しその侵害により自己が受けた損害の賠償を請求する場合において、その者がその侵害の行為を組成した物を譲渡したときは、その譲渡した物の数量（以下この項において「譲渡数量」という。）に、特許権者又は専用実施権者がその侵害の行為がなければ販売することができた物の単位数量当たりの利益の額を乗じて得た額を、特許権者又は専用実施権者の実施の能力に応じた額を超えない限度において、特許権者又は専用実施権者が受けた損害の額とすることができる。ただし、譲渡数量の全部又は一部に相当する数量を特許権者又は専用実施権者が販売することができないとする事情があるときは、当該事情に相当する数量に応じた額を控除するものとする。
2　特許権者又は専用実施権者が故意又は過失により自己の特許権又は専用実施権を侵害した者に対しその侵害により自己が受けた損害の賠償を請求する場合において、その者がその侵害の行為により利益を受けているときは、その利益の額は、特許権者又は専用実施権者が受けた損害の額と推定する。
3　特許権者又は専用実施権者は、故意又は過失により自己の特許権又は専用実施権を侵害した者に対し、その特許発明の実施に対し受けるべき金銭の額に相当する額の金銭を、自己が受けた損害の額としてその賠償を請求することができる。
4　前項の規定は、同項に規定する金額を超える損害の賠償の請求を妨げない。この場合において、特許権又は専用実施権を侵害した者に故意又は重大な過失がなかつたときは、裁判所は、損害の賠償の額を定めるについて、これを参酌することができる。

😀「『損害額の推定』とは、損害額の計算に一定のルールを作っておいて、他の方法による計算が認められない限り、このルールに基づいて計算することをいいます。それ以上の詳細は省略しますが特許法102条の損害額推定は、ビジネスもしくは利益の大きさに比例して推定する規定です。これによると、ビジネスが大きければ損害額も大きく、逆に

8　第10章　前掲注5

小さければ損害額も小さくなります」

財知は、損害額の算定についての調査結果[9]を示した。

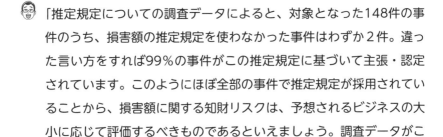

条文	102-1	102-2	102-3	102-4	105の3	民訴248	その他	合計
件数	34	63	49	なし	なし	2	なし	148

出典：裁判例情報　http://www.courts.go.jp/app/hanrei_jp/search1
1999年（平成11年）1月1日～2015年（平成27年）12月末日
表示なき条文は特許法（例：102-1　特許法102条1項）
損賠賠償が認められた事件を手作業で抽出
参考：「発明」発明推進協会　2017.9～2017.11

「推定規定についての調査データによると、対象となった148件の事件のうち、損害額の推定規定を使わなかった事件はわずか2件。違った言い方をすれば99％の事件がこの推定規定に基づいて主張・認定されています。このようにほぼ全部の事件で推定規定が採用されていることから、損害額に関する知財リスクは、予想されるビジネスの大小に応じて評価するべきものであるといえましょう。調査データがこのことを示しています」

「・・・・・」

「これまでご説明した議論をわが社の〇〇プロジェクトに落とし込み、・・・の理由により確率はデータに照らして限りなくゼロに近い

9　これは筆者が実際に行った調査結果である。

ものの、わが社でクローズした領域で競合他社が特許を取り損害賠償を請求してきたという最悪のシナリオを描いてみました」

「ムー・・・」

「この場合、先使用権の主張、特許回避、特許無効などの手段がいくつもありますが、それらはさておき私たちの試算によれば、損害賠償もしくは和解金に弁護士と弁理士の費用を含め〇千万ほどの負担金が必要です。弁護士と弁理士の費用には、侵害回避を目的とした鑑定費用や、第三者の弁護士・弁理士に依頼するセカンドオピニオンのための費用などが含まれています。一方、関連技術を秘匿することで〇〇プロジェクトによる市場独占に成功すれば、〇〇年で〇〇億円の利益が見込まれます」

「また、△△年後には、代替品が登場してくる可能性としてのリスクもありますが[10]、そのころまでには〇〇プロジェクトに対する投資は余裕をもって回収しそれなりの利益が出ているものと推測されます。とすれば、プロジェクト自体を他社に売却することで新たなプロジェクトへの資金とする方法も十分に考えられます。以上でオープン・クローズ戦略と知財リスクについての説明を終わります。〇〇製品の技術の秘匿について、ご検討をお願いいたします」

「十分に検討に値する提案だと思う。ご苦労だった」

　役員会議室を出た財知は、役員の反応に十分な手ごたえを感じていた。それまでは出願業務を主業務として、どちらかと言えば黒子のような仕事が多かった知的財産部であるが、自分たちが練りに練った戦略がＴ社の事業運営に大きく影響を与える可能性が出てきた。知的財産部に戻った財知は、待ち受けた知財部員に出迎えられた。

10　事業機会損失、ブランド棄損、株価下落等のリスクの大きさも検討すべき。

「ただいま〜」

「おかえりなさい。財知部長、役員会議はいかがでしたか？」

「手ごたえは十分だったよ。役員会議の結論が楽しみだね」

「はい、楽しみです。私たちが作った戦略が採用されればうれしいですね」

「そうだねぇ。これからはもっと意見や提案を求められるようになるだろうから、忙しくなるぞ。みんなよろしく頼むね」

「はい」

「リスクは見える化して説明すればいいんだ」

第10章参考文献

新井信昭著（2017）「発明」2017年9月号〜11月号（一般財団法人発明推進協会）

新井信昭著（2018）「iPod 特許侵害訴訟 アップルから3.3億円を勝ち取った個人発明家」（日本経済新聞出版社）

第11章　基礎を教える

1時間で教えてくれって？

- 「阿井田先生。『基礎を教える』とは、どういうことですか？」
- 「どういうとは？」
- 「来月の下旬になりますが、著作権の基礎についてのセミナーで講師をすることになりました。私と知財部からもう一人が担当します」
- 「セミナーは、何時間ものですか？」
- 「1時間です」

- 「1時間で著作権の基礎を教えるということですか。10時間でさえ難しいのに、1時間ではもっと難しいですね」
- 「おっしゃる通りです。基礎だといっても、『著作物とは・・・』『著作者人格権とは・・・』なんて具体例を挙げながら言っているうちに30分以上はかかります。とても時間が足りません。正直、困ってい

- 👨 「ます」
- 👨 「講師を依頼してきたのはどこの部署ですか？」
- 👦 「広報部です。広報部長からの依頼です」
- 👨 「わかりました。では講師を依頼してきた広報部長の本当の狙いはなんだと思いますか？」
- 👦 「えっ！？広報部員や営業部員に著作権の基礎を理解させたいからなのではないですか？」
- 👨 「それはその通りですが、背後に隠れた本当の狙いがあるはずです」
- 👦 「本当の狙いですか・・・・・？」
- 👨 「これは大事なことですが、セミナーの目的は知識を授けることではありません。何だと思いますか？」
- 👦 「えー、知識を授けるのではなく、・・・えー、なんでしょう」
- 👨 「今、何かしらの問題的状況があるとか、そういった状況が発生するかもしれないので、そのような状況をなくしたり、芽を摘んだりするためにどう行動したらいいか、そのきっかけを作るためです」
- 👦 「少し分かってきました」
- 👨 「もう一度、聞きますね。依頼者の本当の狙いは何だと思いますか？違う聞き方をしますと、何が一番トラブルになりそうですか？」
- 👦 「うーん」
- 👨 「私が体験した事例のお話をしましょう」
- 👦 「お願いします」
- 👨 「お話しするのは、私が某著名私立大学から依頼を受けて行った学内セミナーのデザインからセミナーの実際までのプロセスです」

阿井田は、いつものタブレットを取り出した。

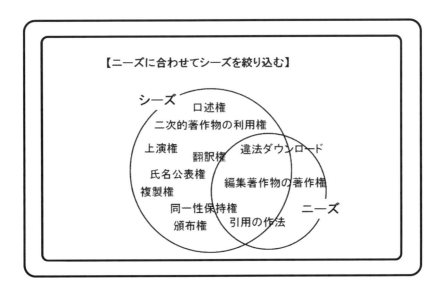

😮「大学からの依頼は、『1時間で著作権の基礎』を解説してほしい、というものでした。担当者に聞いてみると、最初は『職員に著作権というものをよく理解してほしい』というものでしたが、よくよく聞いてみたところ次の問題的状況のあることが分かりました」

(1) コンピュータのソフトウェアを違法にコピーして使い回してしまったことがあるが、あれから時間が経っているため違法コピーに対する意識が薄れてきているのではないかと気がかりになっている。
(2) 大学内外の教授の論文などを編集して掲載する大学広報誌について、それぞれの論文が著作物であることは知っているが、広報誌そのものの著作権法上の扱いがよく分からない。
(3) 学生が提出する論文やレポートなどには、インターネットからコピーした記事をそのまま貼り付けられたものが散見される。どのように指導すべきなのか？

😮「受講者の顔ぶれを聞いてみると、知財部門を含む様々な部門の事務職職員が大半でしたが、学生を直接指導する教授も出席予定であるとのことでした。つまり、知識レベルと目的がバラバラでした」

- 🙂「これって難しいですよね。知識レベルの高い上級者に合わせて話すと初心者の人がわからない。かといって初心者に合わせると、上級者にとって物足りない。こういうときは皆さんに満足していただくのは無理で仕方ないと思っていました」
- 😃「小石原さん。それはやり方次第です。お決まりコースの定義や背景などを説明していると、そもそも時間的に無理があるし、特に上級者に不協和音が出かねません」
- 🙂「どうしたらいいですか？」
- 😃「予め聞いておいた問題的状況に合致する事件を、『こんな事件がありました。どうでしょう皆さん。他人事ではありませんよね』などと言いながら最初に紹介するとよいですよ」
- 🙂「他人事ではないと言われれば、意識が集まりますね」
- 😃「それだけではありません。多少の理解度の違いはあるかもしれませんが、その事件に関する参加者の知識レベルが揃います」
- 🙂「具体的な事件についての情報となれば、ほとんどの参加者にとって新しい知識に違いないから、レベルが揃うという意味がわかります。初心者と上級者が一緒にいる状態を、克服できそうです」
- 😃「そこで、具体的な事件を土台としてその事件に関連する基本事項を肉付けるように説明することにすればよいのです」
- 🙂「そうか、具体的事件を最初に出して、参加者の知識をそろえればよいのですね。これは使えます。それで、実際にはどのような事件を取り上げたのですか」
- 😃「大学関係者と協議し、次に示す三つの裁判例を取り上げました」

　阿井田は、タブレットのページを次々とめくった。

(1) 違法ダウンロードの「LEC事件」
　　平成12年(ワ)第7932号損害賠償等請求事件
　　東京地裁でLECに対し8500万円の支払命令が出されたあと、
　　知財高裁で和解が成立した
(2) 大学広報誌の「判例百選事件」
　　平成28年(ラ)第10009号 保全異議申立決定に対する保全抗告事
　　件。東京地裁の決定が取り消され、第5版が出版された
(3) コピー問題について、博士の学位を取り消された事件
　　全体の5分の1に当たる20ページ超がコピーと認定された。
　　引用の記載はなかった。

どうすればいいのか？

・職員全員でもう一度意識を高めましょう

・いらないソフトは、絶対に買わない・借りない

・徹底した管理をしましょう

編集著作権が認められる場合

- その素材の選択や配列に創作性があるものを編集著作物といいます。

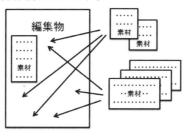

論文が取り消された

全体の5分の1に当たる20ページ超に米国立衛生研究所のホームページと同じ記述があるなど多数の問題が指摘された

「研究者としての基本的な注意義務を著しく怠った」

「ルール」を守ればコピペもOK

- 守らないコピペはレッドカード（複製権侵害）
- コピペ（引用）のルール(区別と出所表示)
    - (1) 既に公表されている著作物であること
    - (2) 公正な慣行に合致すること
    - (3) 報道、批評、研究などのための「正当な範囲内」であること
    - (4) 引用部分とそれ以外の部分の「主従関係」が明確であること
    - (5) 引用部分が明確になっていること（明瞭区別性）
    - (6) 引用を行う「必然性」があること
    - (7)「出所の明示」があること

```
............
....
引用はじめ
....
出所：△△出版×頁
引用おわり
............
```

😀「私が実際に使ったスライドの一部を見てもらったところで、本題に戻りましょう。広報部にはどのような困りごとがあると思いますか？」

🧒「広報部が対象ですから、広報を行うときの言葉や画像といったコンテンツが関係すると思います」

😀「たとえば、どういうことですか？」

🧒「街で撮った写真をホームページやSNSに載せたりします」

😀「肖像権侵害の問題に気を付ける必要がありますね。大事なポイントだと思います。他にありますか？」

🧒「むー、すぐには思いつきません」

😀「広報部長に尋ねてみましょう。何か問題的状況があるのか、とか何を心配してセミナーをしようと思ったのか、とかね。今回に限りませんが、依頼者にセミナーが必要と思った理由をしっかりと聞くことが大切です。よくいうニーズの把握です」

🧒「分かりました。さっそく広報部長に会ってみます。相手が求めるものが分かったら、次は何をすればいいのですか？」

- 「たとえば他人の記事のコピーの良し悪しなど広報部長のニーズはいくつもあると思いますが、その中から重要なモノに絞ります。何しろ１時間しかないのですから、講師が持っているシーズに照らして三つほどが限度です。それ以上にすると、それぞれの中身が薄くなりすぎたり、尻切れセミナーになったりしてしまいます。付け加えておくと、通常なら何時間かかけて話す量と同じ量の話を１時間に詰め込んで早口で説明するようなことは、けっしてやらないでください。受講者を混乱させるだけで、よいことはありません」
- 「分かりました。事件をセミナーの最初で紹介するようにします」
- 「そうそう。決めのセリフもご紹介しておきましょう」
- 「えっ、そのようなものがあるのですか」
- 「広報部が遭遇するかもしれない事件を紹介し、その背景にある法律の要件などを説明した、ということにしましょう。最後にこう言ってください」
- 「ちょっと、メモさせてください」
- 「セミナーでは、次のような言葉を最後に入れてください。忘れそうだったら最初でも構いません。『本日のセミナーは、運転免許更新のときに見せられる事故映像と同じです。あの事故映像を見せられると、分かっていることだけど、改めて気を付けなければいけない、と誰もが思うはずです。このセミナーのことを時々思い出して不正や事故を未然に防いでください』とね」
- 「分かりました。そうやってセミナーを締めくくることにします。阿井田先生。有難うございました」

「基礎はニーズに絞って説明すればいいんだ」

> コラム
>
> **■運転手さんをハッピーにする魔法の言葉**
>
> 「お稼ぎください」。タクシー運転手だった頃の私が聞いてハッピーになれた魔法の言葉です。ちょっと歩けそうにないところへ行くとき、歩けるが使わないと就業時間に間に合わないとき、終電に遅れ使わないと帰れないとき、商談しながら移動したいとき、もう少し二人きりでいたいとき、などに有難い存在のはず。おかげで用が足せたし、運転手さんもよい人だった、と思ったら、降りるときに「お稼ぎください」とハッピーなプレゼントをあげてください。受忍限度（？）を超えないなら、「お釣りはいりません」と太っ腹になってください。あなたも一緒にハッピーになれるかもしれません。

第12章　『間』がすべてを制す

『間』があれば理解できる

🙂「阿井田先生。ここまでかみ砕いた説明のノウハウを教えていただきましたが、ここでは説明の仕方そのもののテクニックを教えてください」

😀「アナウンススクールで私が習った活舌（かつぜつ）や複式呼吸はできなくても大丈夫です、ということはお話ししましたね。繰り返しになりますが、個性を生かして話せばよいのです[1]」

🙂「個性を生かす、ということについてもう少しかみ砕いて説明してください。自分の話し方について、何も工夫しなくてよい、という意味ではありませんよね」

😀「もちろん、そういう意味ではありません。活舌や複式呼吸など、プロのアナウンサーが身に着けているテクニックは、できるなら身につけるほうが良いのですが、それよりも前に誰でも簡単にできるやるべきことがあります。無理に個性をいじるのではなく、今持っている個性はそのままにしておき、話の中に意識して『間』を作ることです」

🙂「『間』ですか？」

😀「こんなこと言うと怒られるかもしれませんが、某お役所による改正法説明会なんかを思い出してください。モレなくムダなく練られた書き言葉がびっしり並んだ資料を手渡され、そこに書かれていることを淡々と読み上げていうやり方が多いですね」

1　第2章

「うふふ。そういうこと多いですよね」

「モレとムダがないからよいけれど、聞き手は情報処理のための十分な時間をとれません。そうすると資料に目を走らせるだけで話が耳に入りません。これって結果的には聞き手の理解を妨げているのではないでしょうか？」

「『間』が必要だということですね」

「そう『間』です。『間』さえ取っていれば、多少早口だったり、語尾があいまいだったり、何らかの癖が出たりしても、聞き手は聞き取りながら頭の中で整理する時間をとれますね。聞き取れて整理できるから理解もできるのです」

「ほー」

「元NHKキャスターの矢野香（やの　かおり）氏は自著[2]の中で『今までの話し方×「間」＝ 倍の効果』であって『「間」を使わなければ、どんな話し方のテクニックも効果が出ません』と言い切っています。私も、矢野氏の考え方に賛成ですし、アナウンススクールでも同じことを習いました」

「間が大事だということはよく分かります。確かに、心に訴えてくる人の演説は、言葉は少ないけれど、分かりやすい。間がしっかりととれていますね」

「そうですよね。演説といえば、私が印象に残っているのは、ちょっと古いけれど2000年５月場所。大相撲で放った当時首相だった小泉純一郎氏の言葉です。膝に大けがを抱えながらも優勝した貴乃花に対し『痛みに耐えてよくがんばった。感動した！おめでとう！』ですね」

「そのころの私はまだ幼かったですが、その様子は今でもYouTubeで見ることができます」

「小泉氏は、『いたみにたえてよくがんばったかんどうしたおめでとう』

2　矢野香（2017）「たった一言で人を動かす 最高の話し方」（KADOKAWA）

のようにサーと続けて言ったのではなく『痛みに耐えてよくがんばった（1秒くらいの間）感動した（1秒くらいの間）おめでとう！』のように言葉と言葉の間に、はっきりわかる『間』が入っていました。間が入っているため、聞いている我々も一文一文の間に考える時間を持つことができました。これによって『痛みに耐えてよく頑張った（本当によくがんばったね）』『感動した（私も感動したよ）』『おめでとう（おめでとう）』と、小泉氏の言葉を嚙みしめることができたのです」

「『間』の大切さがよく分かりました」

「ところで小石原さん。『間』とはそもそも何なのでしょうか？」

「『余白』でしょうか？それとも『沈黙』かな？」

「私事ですが、下手の横好きでテナーサックスを習っています。インストラクターから、『休符は単におやすみではなく、音楽の一部なのですよ』と教わります。何かを聴き手に伝える時間だということは納得なのですが、なかなか聴き手に伝わるように演奏できないのが悩みの種です（笑）。説明の仕方と同じで理屈を分かったうえで練習することが大切なのですね」

「そういえば、休符について中学校の音楽の先生が同じことを言っていました」

「説明、スピーチなどどれでも同じなのですが、その中の『間』というのは、休符と同じく何かを聞き手に伝える時間なのです。伝えるためにとるものが『間』なのです。『間』がすべてを制するといっていいぐらいです」

「分かってきました」

「活舌や複式呼吸などを実践の場で使いこなせるまでになるには相応の演習や訓練が必要ですが、『間』であれば、ちょっとした努力で誰もが使いこなせるようになります。今、持っている個性、スキルはそのままに、『間』を取り入れるだけでよいのです。それだけで、伝わり方、コミュニケーションの効率が飛躍的によくなります。これ、絶

対です。あらゆる落語家も『間』の大切さを強調しています」

『間』を入れる訓練・演習

- 「『間』を入れるだけならできそうですね。でも、ちょっとした努力とは、どの程度のことを言うのですか？」
- 「『間』が大切だということはちゃんとわかっていらっしゃる方は少なくありません。私が行うセミナーの受講者の顔を見ていればだいたい見当がつきます。ところが、『間』の大切さを知ってはいても実践できる人は多くありません。自転車の乗り方を本で読んだからと言って乗れるようになるわけではないことに似ています。やはり、この点は、『訓練』、『演習』を受けて初めて使いこなせるようになるのだと思います」
- 「なるほど」
- 「この私も『間』を意識できるようになったのは、アナウンススクールで訓練を受けたあと、何回も実践を重ねたからです」
- 「アナウンススクールでは、どのように訓練されたのですか？」

- 「大勢の受講生や先生を前に話していると、早くこの状態を終わりにしたいという心理が働くせいか早口になりがちです。早口になり始めると、もう『間』のことなど頭からすっぽりとなくなります。そこで、先生の一言。『阿井田さん、そこはしっかりと間をいれてください』『今、間が抜けていましたよ』というように、そのたびに先生から指導を受けました。今、余裕をもって『間』をとることができるのは、あのときの指導があったからだと思います」
- 「『間』をとるためのコツは何かありますか」
- 「先ほど紹介した矢野氏は、『一文一息』を提案しています」
- 「それは何ですか？」
- 「『一文をなるべく短くして一息で話し途中で息継ぎしない、一文を言い終わったところで息をすう、この息継ぎが「間」になる』という、間をとるための方法論です」
- 「これならいやでも『間』ができますね」

> 「結論から申し上げますと、
> わが社の特許権PについてA社はわが社と ライセンス契約を結ぶことに合意したので すが、A社は条件として『製品出荷額3％ のロイヤルティを2％にしてほしい 』と言っていまして、そこでこの点を知財部長と相談したところ、2％では無理だと言われまして‥‥‥‥」

　阿井田のタブレットに例文が表示された。

- 「これは、矢野氏の方法を参考にして私がつくった例文です」

「よくありそうな話ですね」

「『結論から申し上げますと、・・・』と言っていますが、聞き手が聞きたい結論が何なのか分かりにくいですね。知財部長が難色を示しているので、これではライセンス契約は無理、ともとられかねません」

「何となく今一歩のところまでこぎつけたようであることが、文章なら、かろうじて分かりますが、口頭ではおそらく伝わらないでしょうね」

「私もそう思います。これは、一つのグッドニュースのはずなのに、悪い知らせのように誤解される可能性さえあります」

「はい、そう思います」

「同じ内容に『間』を入れてみましょう」

阿井田のタブレットが違った例文を映した。

「結論から申し上げますと、
・・・（3秒の『間』）
わが社の特許権PについてA社は、
・（1秒の『間』）
わが社とライセンス契約を結ぶことに合意しました。
・・・（3秒の『間』）
ただし、A社は、
・（1秒の『間』）
『条件として製品出荷額3％のロイヤルティを2％にしてほしい』
・（1秒の『間』）
と言っています。
・（1秒の『間』）
この点を知財部長と相談したところ、2％では無理だと言われました。
・・・（3秒の『間』）
そこで、A社と再交渉の末、
・・・（3秒の『間』）
お互いに歩み寄って2.5％で決着しました」

「『・・・・・合意しました。』で文章の前段が終わり、その後に3秒の『間』があるため、聞き手にとって『さっき、「合意した」って言ったよな』と確認する時間がとれます。この結果、『契約成立』という好ましい情報が聞き手にしっかりと伝わります。3秒の『間』の間に賞賛の拍手の一つぐらい出ても不思議ではありません」

「そう思います」

「もう一つお見せしましょう」

タブレットの画面に例文が映し出された。

「特許をとるうえでクリアしなければならない要件のうち、重要なものが三つありまして、

まず一つ目は新規性を有することで、

次の二つ目として進歩性を満たすことで、

最後の三つ目は最先の出願であることです」

タブレットの画面例文が変わった。

> 「特許をとるうえで
> ・(1秒の『間』)
> クリアしなければならない、
> ・(1秒の『間』)
> 要件のうち、
> ・(1秒の『間』)
> 重要なものが三つあります。
> ・・・(3秒の『間』)
> 一つ目は新規性を有すること
> ・・・(3秒の『間』)
> 二つ目は進歩性を満たすこと
> ・・・(3秒の『間』)
> 最後の三つ目は最先の出願であること
> ・・・(3秒の『間』)　　　です」

「最初にはなかった『間』を2枚目に入れてあります。『間』の指示にしたがって読んでください。最初と比べて伝わりやすくなったでしょう?」

「はい。格段に分かりやすくなりました」

「もう一つ考えてみましょう。知的財産部が知的財産を活用するためのプロジェクトを企画したとします。小石原さんだったら、どのようにプレゼンしますか? プロジェクトになんらかの名前をつけましょう」

「・・・・・そうですね。たとえば、・・・・・
―――これが、知的財産部が提案する『知活プロジェクト』という名前の知的財産の活用を促進するための新企画です―――
などはどうでしょう?」

😀「よいですね。『知活プロジェクト』というネーミングもすばらしい」

阿井田は、タブレットを操作して次の画面を作った。

```
「企画名は『 知活プロジェクト 』
・・・(3秒の『 間 』)
本日、
・(1秒の『 間 』)
知的財産部が発明した
・・・(3秒の『 間 』)
知的財産の活用を促進するための
・・・(3秒の『 間 』)
新企画です。
・・・(3秒の『 間 』)
これです！」
```

😀「こうやって『間』を上手に使えばインパクトを強くできます。『これです！』と言うと同時に何か関係するモノを高く掲げると、さらに効果的です」

😀「ウフ、提案という代わりに『発明した』という言い方が、知的財産部だけに面白いですね」

😀「緊張した会議の中であっても、ちょっとほっとさせるユーモアがあると、企画も通りやすくなります。合理的かどうかはともかく、これって人情ですよ」

😀「はい」

😀「あっ、それから、紙の配布物が禁止されていないなら、印刷した紙の企画書を手に取ってみせるのも効果的です。テレビで見る女優さん

より舞台の上の女優さんのほうが素敵ですよね。『現物』に勝るものはありません。現物を見せることは、『間』をとるための高等テクニックです」

「伝えるために『間』がとても重要なことは分かりました。ただ、緊張してくるとどうしても早口になってしまいがちだし、そうなると『間』をとることを忘れてしまうのではないかと心配です。練習とか実践のときに使えるノウハウはありませんか？」

文と文の間に『ね』を入れる

「私が教わった方法の一つに、私が勝手に名付けた『ね入れ作戦』があります」

「『ね入れ作戦』、・・・それって何ですか？」

「文と文の間に『ね』を入れるのです。でも、この『ね』は、実際の声にはしないで心の中だけにとどめます。口を動かさない『口パク』だと思ってください。サイレントの『ね』を入れることで、文と文の間に自然と休符が入ります。これが『間』になります。入れ方のコツは、急いでつまった『ねっ』では短すぎますので、ゆっくり静かな『ね』がよいですね。もっと長い『間』にしたいなら、『ね〜ぇ』とやります。今は意識していませんが、最初のころはこうやって『間』の取り方を練習しました」

「少し具体的に教えてください」

「たとえば『新規性』を説明するときに、『新規性とは（ね）、出願前に（ね）世界中のどこかで（ね）オープンに（ね）されているかどうかのことを（ね）いいます』という具合です」

「なるほど『間』になりますね」

「今のはかみ砕いた説明でしたが、固い文章にも使えます。たとえば、『特許出願前に（ね）、特許を受ける権利を有する者の行為に起因して

（ね）、新規性を喪失した場合でも（ね）、その喪失日から（ね）1年以内に（ね）特許出願すれば（ね）喪失しなかったものとして（ね）扱われることが（ね）あります』という具合です」

「これは便利ですね。早速使ってみます」

「『間』を上手に使って説明すればいいんだ」

コラム

■知財の知識だけでは戦えない

ドラッカーは「個々の専門知識はそれだけでは何も生まない。他の専門知識と結合して、初めて生産的な存在となる」（ドラッカー著、上田惇生訳(2000)「プロフェッショナルの条件」（ダイヤモンド社））と語りました。私はこの考えに賛成です。活躍する人に専門知識だけで勝負する人は少なく、マルチな知識を持っている人が多いように思うからです。できれば複数の専門分野の知識を同時並行に身に着けたいがそこまで器用ではないから一つずつ身に着ければよい、と自分に言い聞かせる毎日です。繰り返しますが、分かりやすくかみ砕いた説明は世の中を変えるのです。マルチな知識を一緒に目指しませんか？
https://www.diamond.co.jp/book/9784478300596.html

第13章　さらに一歩上に行くために

分かりやすい順番

🙂「阿井田先生のアドバイスのおかげで、これから自信をもって個性を生かしながら、開発者らと接したりセミナーで話したりできそうな気がしてきました」

😃「知財人材には、法律、特に知的財産法の専門家として、専門家以外の人に知的財産の法律や必要な範囲の実務を伝えていく、つまり、知財人材のすそ野を広げる使命があると思います。心から期待しています。がんばってくださいね」

🙂「はい、がんばります」

😃「前にもお話した池上彰さんのこと[1]、覚えていますね。くどいようですが、池上彰さんの分かりやすい説明は誰もが知っているところですが、なぜ分かりやすいかというと、私たち一般人のためにかみ砕いて分かりやすい順番で話してくれるからです。これも繰り返しになりますが、大事なことは、分かりやすい説明に私たちの行動を変える力があることです」

🙂「はい。ところで、分かりやすい説明順についても教えていただけませんか？」

😃「これから一歩上に行くためには、分かりやすい順番を意識することが大事です。分かりやすい順番で話すための方法にはいろいろありますが、その中で私が使っているPREP法をご紹介します。プレップ法と

---

[1] 第3章

読みます。シンプルで効果のある方法ですので、ぜひ試してください」
「はい」

阿井田は、タブレットに目を移した。

【PREP法】

P	Point	要点・結論	○○は〜だ
R	Reason	理由	なぜならば〜だからだ
E	Example	例示・データ	たとえば〜
P	Point	要点・結論	だから○○は〜だ

「一括りの話をPREP法で説明すると、筋道の立った説明になります。この方法は、要点→理由→例示→要点の順で話します。要点から始め、最後にもう一度要点を伝えることがポイントです。聞き手は、要点を2回聞くことになりますので、理解が進むのです」
「型を決めておくと、次に何を言うのか迷わなくて済みますね」

「ぜひ活用してください。実際にどのように使うのか例示しますね。最初は技術のオープンクローズについて、次に他社との共同出願について、PREPを使った表現です」

阿井田は、タブレットの画面を変えた。

> P 「技術〇〇について知財部は、特許出願しないでクローズすることを提案します」
> R 「なぜなら、技術〇〇を製品の外観から推測することは難しいと考えられるからです」
> E 「公開公報から推測すると、技術〇〇の分野における競合会社Aの技術はわが社より数年遅れています」
> P 「そういうわけで、技術〇〇はクローズの対象とすべきと思います」

阿井田は、さらにタブレットの画面を変えた。

> P 「私は、A社との無条件共同出願案は再検討すべきだと思います」
> R 「なぜなら、特別な取り決めなしで共同出願すると、技術〇〇についてA社が自由に実施できることになり、中堅規模のわが社にとってリスクが大きいからです」
> E 「A社は、B社との共有特許についてC社と市場開拓に成功したとの報告がありましたが、わが社とC社では会社の規模が違いますし、顧客層も異なります」
> P 「そういうわけで、共同出願するには、まずその点に十分な調査、検討が必要です」

「なるほど、これなら伝わりますね。ほかにも、ちょっとした意識だけでできる方法はありますか？」
「あります。例えば、『誰がどうした』をはっきりさせること」

タブレットに二つの文が映し出された。

【主語なし】

「技術〇〇についての特許明細書ですが、完成までには3週間以内に出願できるとの話を聞いておりますし、予定どおりの販売開始が可能と思われますので、そのように進めております」

【主語あり】

「技術〇〇についての特許明細書ですが、知的財産部の話では3週間以内に出願できるとのことです。我々営業部も、予定どおりの販売開始が可能との見通しのもと、準備を進めております」

「二つの文章は同じ内容ですが、どちらが分かりやすいですか？」
「間違いなく主語のあるほうが分かりやすいです。主語のない文は、『誰がどうした』がぼやけているので、分かりづらいです。主語があると営業部の人の取り組み方や責任感まで伝わってきます」
「そうですね。だから、『誰がどうした』が重要なのです」
「阿井田先生の今の言い方は、要点を繰り返すＰＲＥＰ法ですね」
「小石原さん。さすがですね。ついでに、いくつか知っておくとよいことをご紹介します。まず『接続詞』の使いこなしです」

阿井田がタブレットを操作した。

【原文】

「先方の知財部担当者が交代して、ライセンス契約がとん挫した」

【三つの接続詞】

1. 「先方の知財部担当者が交代した。その後、ライセンス契約がとん挫した」
2. 「先方の知財部担当者が交代した。そのためにライセンス契約がとん挫した」
3. 「先方の知財部担当者が交代した。それなのにライセンス契約がとん挫した」

「今度はどうでしょう？」

「どの接続詞を使うかによって、まったく意味が変りますね」

「そうですね。原文では『交代して、』の意味があいまいなので、このままでは聞いた人によっていろいろな解釈ができてしまいます。接続詞文１の『その後』を使うと、時間の流れがあることがわかるだけで、ライセンス契約のとん挫と先方の知財部担当者の交代が無関係のように読み取れます。接続詞文２と３だと、どうでしょう？小石原さん。考えてください」

「はい。２番目の『そのために』を使うと先方の知財部担当者が交代したためにとん挫した、と読み取れます」

「そのとおりです。前の担当者との関係が良好だったことが聞き手と共通の理解だとすれば、わざわざ『そのために』と言わなくても意味は通じます。では、接続詞文３はどうでしょう？」

「前の担当者とはウマが合わず交渉が進まなかったが、交代した担当者とはスムーズに意見交換できそうなニュアンスが伝わってきます。

「それでもライセンス契約がとん挫してしまったのだから、条件面でまったく合わなかったのかもしれませんね」

「そういうことなのでしょうね。あっ、そうだ。一つお伝えするのを忘れていました。これは、私自身がいつも気にしていたことであるし、以前にご紹介した元アナウンサーの矢野香氏も同じことを言っています[2]」

「なんでしょう？」

「それは、文末の『思います』は削除する、ということです。説明が分かりづらい理由の一つは一文が長いということですが、矢野氏によれば、一文が長くなってしまう犯人は『思います』だそうです。まったくの同感です」

「具体的にお願いします」

「『お話させていただこうと思います』、『よろしくお願いしたいと思います』、『頑張っていこうと思います』の『思います』は必要ない、ということです」

「必要ない...」

「そうです。『思います』は思い切って削ってください。『お話しします』、『よろしくお願いします』、『頑張ります』でＯＫ。一文が短くなって聞きやすくなります」

画面が変わった。

> 「『思います』と言いたくなるのは、逃げ道を確保したいという気持ちの表れからです。聞き手は『頑張ります』と言い切る人には、本当に頑張るだろうと期待します。
> 　『頑張ろうと思います』という人は、逃げ腰に感じ、おそらく頑張っても結果は期待できないだろうと判断してしまいます。弱さが伝わってしまうのです。『思います』は、人を動かすときには、ふさわしくない言い回しです。使わないほうがいいと覚えておいてください。」
>
> 出典：矢野香著（2017）「たった一言で人を動かす　最高の話し方」KADOKAWA

「矢野氏のいう『逃げ道を確保』したいという気持ちは、その通りです。『あのときは、そう思ったのですがね』のような感じですかね。今度から、必要のない『思います』は使わないようにします」

「『思います』と同じく、意味のない尊敬語、謙譲語、丁寧語は使わないほうがよいです。『説明しました』のほうが『説明させていただきました』より、ずっとシンプルで分かりやすいです」

「それも覚えておきます。ありがとうございました」

「PREP法を使って説明すればいいんだ」

■日本人は「創造的であると思っていない」だけ

　統計分析家の本川裕（ほんかわゆたか）氏が、国民性の比較に関する「世界価値観調査2010」に対し、「日本人は『創造性』、『挑戦心』が弱いという国際調査は本当か」と題して興味深い見解を示しています（DIAMOND online 2017.01.18）。調査は、250ほどある質問のうち、「あなたは『創造性』や『挑戦』を大切しているかという質問」に対し自信をもって『はい』と答える人間の割合が日本人の場合、世界一少ないことを示しています。この点だけを捉え『だから日本人は…』というネット記事が散見されますが、本川氏によれば、それはミスリーディングだそうです。詳しくは、下記のURLから閲覧していただくとして本川氏は、「値が、直接、あらわしているのは『創造的でない』ことではなく、『創造的であると思っていない』ことだけである点を見逃している。」と述べています。自己評価が厳しく、控え目なだけなのだそうです。批判に都合のよいデータだけを取り出して『だから日本人は…』という風潮が目につきますが、鵜呑みにしないで済むように、データの背景を読み取る目を養う必要があると考えた次第です。

参考：https://diamond.jp/articles/-/114495

あとがき

　日本が目指す「知財立国」は、どうなっていくのだろう？

　この理想を実現するための様々な戦略・政策が提案されていますが、いまだ十分に実践されていないようです。提案される戦略・政策には納得のいくものも少なくないのに、どうしてこれらが知財立国の実現に結びつくほどに実践されないのでしょうか？

　その最大の要因は、日本の知財議論が全体の一部でしかない知財専門家・知財関係者の中だけで行われているため、大多数を占める非専門家・非関係者の理解と賛同を得られずに空転していることにあります。逆にいえば、「知財立国」を実現するには、この空転する力を非専門家・非関係者の理解と賛同を得るための推進力に変換する伝達歯車を設ければよいのです。

　この伝達歯車となるのが、知財専門家・知財関係者による知財をかみ砕いて分かりやすく伝える「伝え方改革」の実践です。この実践により「知財ムラ」の壁が取り払われ敷居が下げられることで、非専門家・非関係者が知財議論に興味を持って参加できるようになります。そうすれば、前述の戦略・政策の実践が一気に現実味を帯びてきます。本書の「はじめに」で触れたように、知財関係者の活躍により企業の業績が向上し、その結果として知財関係者の仕事が真に評価されることにもなります。

　この本を手に取って下さったあなたも、一緒に知財の「伝え方改革」に取り組みませんか。知財専門家・知財関係者として知財立国に貢献できれば、知財という魅力的な魔物に携わる幸運観と充実感にも繋がります。

　とはいいながらも、本書を読んだからといって、直ちに結果が出るわけではありません。第12章の記述と重なりますが、自転車の乗り方を本で読んだだけでは乗れるようにならないのと同じです。『訓練』、『演習』を

経て初めて使いこなせるようになることを改めて強調しておきます。私も関係機関の協力を得ながら、一緒に学ぶ機会を作りたいと思っています。

私の提唱する「伝え方改革」に賛同してくれた読者のみなさんにお願いがあります。あなたが持っている「こう伝えたら分かってもらえた」、「ここをうまく伝えたいのだけれど、どうしたらよいか」というようなメッセージを私に送ってくれませんか？そのメッセージの内容について意見交換をさせてください。知財関係者で共有できるようにしましょう。詳しくは、知財コミュニケーション研究所のホームページを参照してください。

最後になりますが、この本の執筆にあたり、たくさんの人にお世話になりました。

井上千恵子氏（株式会社東京測器研究所経営企画部法務課課長 一級知的財産管理技能士（ブランド専門業務））、尾田高美氏（一般財団法人知的財産研究教育財団知的財産教育協会 事務局長 弁理士）、久保行幸氏（一般社団法人発明推進協会知財総合支援窓口東京相談員・ｋ＆ｍコンサル株式会社代表取締役 中小企業診断士）、竹本和広氏（金沢工業大学大学院イノベーションマネジメント研究科（虎ノ門大学院）客員教授・一級知的財産管理技能士（特許専門業務））、開本亮氏（公益財団法人京都高度技術研究所インキュベーション・マネージャー 弁理士）、向井翼氏（福井県安全環境部危機対策防災課・弁理士試験合格者）、山嵜貴俊氏（某大手電機メーカー知財部員・二級知的財産管理技能士）、この場を借りてお礼を申し上げます（以上五十音順）。

さらに、かわいいイラストを提供してくれたイラストレーターの天羽彰大氏にも、感謝を申し上げます。

最後に、今さら照れ臭いので何も申しませんが、妻・陽子の名前を記します。

2019年3月吉日　自宅書斎にて

新井信昭

■プロフィール

新井　信昭

　都立高校卒業後、タクシードライバーで貯めた資金で世界放浪バックパッカー。多数国訪問やユダヤ人との共同生活から、他人とのコミュニケーションがないと社会的欲求は満たされないことを学ぶ。

　東京都知的財産総合センター等でコンサル3000件超を経験する中、かみ砕いて分かり易く説明する手法を創り上げた。この手法と、テレビ朝日系アナウンサー・スクールでの訓練と独自研究で身に付けたスキルを活用する説明・解説は、「目からウロコだ」、「知財なるほど」と大好評。「伝え方改革で知財活用を現実にする」をテーマにセミナーや研修などを行っている。

　知財コミュニケーション講師・知財コミュニケーション研究所代表、新井・橋本・保坂国際特許事務所パートナー。ものづくり大学特別客員教授。弁理士・博士（工学）、技術経営修士（リスクマネジメント）。

　著書に「レシピ公開『伊右衛門』と絶対秘密『コカ・コーラ』、どっちが賢い？」（新潮社）、「パクリ商標」（日本経済新聞出版社）がある。さらに「iPod特許侵害訴訟　アップルから3.3億円を勝ち取った個人発明家」（日本経済新聞出版社）は、2019年のNHK番組「逆転人生［新］『最強アップル vs. 貧乏発明家』」の番組資料に採用された。

知財コミュニケーション研究所　https://www.greenip.co.jp/

装丁：天羽彰大

伝え方を変えれば9割伝わる！
知財　伝え方改革の教科書

2019年（平成31年）4月22日　初版　発行

著　者	新井信昭	
ⓒ　2019	ARAI NOBUAKI	
発　行	一般社団法人　発明推進協会	
発行所	一般社団法人　発明推進協会	
	所在地	〒105-0001 東京都港区虎ノ門3−1−1
	電　話	東京03 (3502) 5433（編集）
		東京03 (3502) 5491（販売）
	FAX	東京03 (5512) 7567（販売）

乱丁・落丁本はお取替えいたします。　　印刷：株式会社丸井工文社
ISBN978−4−8271−1314−3　C3032　　Printed in Japan

発明推進協会ＨＰ：http://www.jiii.or.jp

本書の全部または一部の無断複写複製
を禁じます（著作権法上の例外を除く）。

メモ（伝えやすい表現や言葉の備忘録）